こどもと楽しい京都・滋賀

いつも子どもと出かける場所に頭を悩ませていませんか？
京都と滋賀には魅力的なスポットがたくさんあります。
普段使いできるカフェやレストランで美味しいものを食べて、
週末にはお出かけをして思いっきり遊ぶ！
子どもと一緒に大人も楽しめば、みんながハッピーに、
笑顔あふれるとっておきの情報をお届けします！

SPOT TO ENJOY WITH FAMILY!

家族みんなで行きたい注目スポット！

子どもはもちろん、
大人も楽しめること間違いなしの遊び場や、
ママに嬉しいお店情報など、
気になる京都のスポットを紹介！

いろんな電車が走ってる！

contents
こどもと楽しい 京都・滋賀

4

12

80

- 4 　家族みんなで行きたい注目スポット！
- 12 　おいしい！たのしい！ハッピーレストラン 京都
- 44 　家族で楽しもう外ごはん
- 52 　おいしい！たのしい！ハッピーレストラン 滋賀

- 26 　［column 1］みんな大好き食べ放題
- 42 　［column 2］家族みんなのお食事会
- 50 　［column 3］かわいい動物メニュー
- 60 　［column 4］野菜から元気をもらおう

- 63 　Family Happy Information
- 80 　京都・滋賀 みんなで楽しい遊び場情報
- 98 　MAP
- 108 　エリア別インデックス
- 110 　50音インデックス

※本誌に掲載されている情報は、2016年3月現在のものです。　※料金や営業時間、入場料金などの各データは、季節や日時の経過により変わる場合がありますのでご注意ください。
※掲載されている価格は特別な表記がない場合、税込み価格となっています。　※お盆、年末年始、G.Wなどの休みは通常と異なる場合がありますので、各掲載先へお問い合わせください。
※掲載されている料理写真はイメージです。仕入れの都合や季節により内容が変更になる場合がございます。予めご了承ください。
※アクセス・交通の表記における所要時間はあくまでも目安です。

幅約30m・奥行約10mの鉄道ジオラマは圧巻のスケール！SL、新幹線、電車に加えて、私鉄の列車など日本全国さまざまな車両が一同に見られる

ヒミツ基地みたいな場所だね！

ジオラマを内側から見る事ができる展示方法に、キッズは大興奮！楽しみながら運転の仕組みを学べるような配慮もされている

普段は絶対見ることができない角度から車両の構造を観察できる、実物車両のかさ上げ展示は必見！

SPOT 1

見て、さわって、体験できる！
オンリーワンが満載の鉄道博物館

（梅）小路蒸気機関車館（2015年閉館）と大阪の交通科学博物館（2014年閉館）の展示車両や収蔵物が集結し、一体となった日本最大級の鉄道博物館が2016年4月29日、遂に誕生。蒸気機関車から新幹線まで、日本の近代化を牽引してきた53両の貴重な車両を展示。また、さわる、動かしてみるなど体験展示を重視した展示構成や、鉄道の安全の仕組みを学ぶことができるほか、鉄道に関連する様々な職種に触れることができるのも特徴。中でも注目は日本で唯一、本物の蒸気機関車が毎日運行しけん引する客車に乗車できる「SLスチーム号」と、引き込み線を館内に設置して一定期間ごとに展示車両を入れ替える取り組み。さらに日本最大級の鉄道ジオラマもあり、ここでしか味わえない感動に出合えること必至。当日中は再入館がOKなのもうれしい。

スカイテラス
LOCATION ［本館3F］

緑あふれる屋外展望デッキは鉄道と京都の名所が一緒に眺められるビューポイント。JR京都線や嵯峨野線、東海道新幹線の車両と共に、京都タワーや東寺の五重塔が望める

トワイライトプラザ
LOCATION ［中庭付近］

記憶に新しい寝台車・トワイライトエクスプレスの車両を展示しているのは、1914年に建設された2代目京都駅のホーム上家を再利用した歴史的価値のある空間

キッズパーク
LOCATION ［本館2F］

鉄道・乗り物の絵本やタカラトミーのプラレールなどの遊具で自由に遊べるスペース。窓からは嵯峨野線を走行する列車を間近で見られる絶好スポットでもある

JR西日本を代表する車両
LOCATION ［本館1F］

500系新幹線電車や世界初の寝台・座席兼用の寝台特急581系電車、ボンネット型の489系電車などを展示。実物車両は近くで見ると迫力満点

SLの車両銘板が約150枚も

運転シミュレータ
LOCATION ［本館2F］

音までリアルに再現され、一駅区間分の運転体験ができる運転士訓練用の運転シミュレータ。制服や帽子を着用し、運転士になりきって体験できるのも魅力！在来線6席、新幹線2席あり

なつかしい！？ヘッドマークを数多く飾っている

京都鉄道博物館
きょうとてつどうはくぶつかん

授乳室あり	飲食物持込OK!
雨の日OK!	ベビーカー貸出
駐車場	オムツ替えシートあり
レストランあり	入場無料

※ベビーカーは数に限りあり

- **PLAY** — 電車の運転体験／鉄道を学ぶ
- **ACCESS** — 梅小路／JR京都線京都駅から徒歩約20分 ※専用駐車場はありません
- **CHARGE** — 一般 1200円／大学生・高校生1000円、中学生・小学生500円／幼児（3歳以上）200円 ※SLスチーム号乗車には別途料金 一般・大学生・高校生300円、中学生・小学生・幼児（3歳以上）100円
- **DATA** — 京都市下京区観喜寺町 ☎ 075-323-7334 10：00～17：30（入館は17：00まで）※開館時間の繰上げ、閉館時間の繰下げ実施あり 休 水曜休、年末年始12/31～1/1（祝日、3/25～4/7（春休み）、7/21～8/31（夏休み）は開館）

MAP_P103・6

モニュメントがあるよ

京都駅から梅小路公園まで歩いていくルートに2016年の春にモニュメントを設置！「ドキドキ・ワクワク」がテーマのモニュメントを見ながら、お散歩気分で歩けそう。梅小路公園内を含めると25体あるので、全部探してみるのも楽しそう。

> **COLUMN**
> 梅小路エリアの
> 楽しみは、
> まだまだたくさん！

京野菜レストラン 梅小路公園
きょうやさいレストランうめこうじこうえん　MAP_P103・6

モーニングからディナー、テイクアウトの利用もできる頼れる一軒。キッズメニューもあるので、家族で利用しやすい。

- ACCESS — JR京都駅から徒歩約20分
- CHARGE — ランチ1000円〜、お子さまランチプレート850円など
- DATA — 京都市下京区観喜寺町56-3（梅小路公園「緑の館」内）
  ☎ 075-352-7111　㊉モーニング9：00〜11：00、ランチ11：00〜17：00、カフェ14：00〜17：00、ディナー17：00〜22：00　㊡無休　P無

京都水族館
きょうとすいぞくかん　MAP_P103・6

オオサンショウウオなど、京都の川に住むいきものの生態系を見ることもできる。大人気のイルカパフォーマンスもお見逃し無く。

- ACCESS — JR京都駅から徒歩約15分
- CHARGE — 大人2050円／大学・高校生1550円中・小学生1000円、3歳以上600円
- DATA — 京都市下京区観喜寺町35-1（梅小路公園内）
  ☎ 075-354-3130
  ㊉10：00〜18：00※季節により変動有
  ㊡無休（臨時休館有）P無

併設された[スロージェットコーヒー]では、美味しいクレープを食べてひと休み。コーヒーのテイクアウトも可能

いろんな味が
選べるよ

約 7年間に及ぶ整備が完了し、2015年の11月にグランドオープンした京都市動物園。キリンとシマウマが一緒にくらす「アフリカの草原」や、ゾウが水浴びをしている様子を間近で見られる「ゾウの森」など、動物の生態に合わせた展示がされ、子どもから大人まで飽きる事無く動物を観察できると話題。園内の道も整い、ベビーカーでも通行しやすくなったり、カフェ・売店が充実したりと、小さな子どもと一緒でも快適に楽しめる。オリジナルグッズもたくさんあるので、お土産も忘れずにゲットして。

「もうじゅうワールド」では大型から小型のネコ科動物に出合える。息づかいが聞こえて、ドキドキ！

京都市動物園
きょうとしどうぶつえん

授乳室あり	飲食物持込OK!
雨の日OK!	ベビーカー貸出
駐車場	オムツ替えシートあり
レストランあり	入場無料

PLAY — 動物観察／ふれあい
ACCESS — 岡崎／地下鉄蹴上駅から徒歩約5分
CHARGE — 大人600円、中学生以下無料
DATA — 京都市左京区岡崎法勝寺町岡崎公園内
☎ 075-771-0210
営 9:00〜17:00（入園 16:30）、
12月〜2月は9:00〜16:30
（入園 16:00）
休 月曜休（祝日の場合は翌日）
http://www5.city.kyoto.jp/zoo/

MAP_P102・5

SPOT 2
リニューアルして
**もっと楽しく
動物たちも
喜ぶ園に変身！**

キリンの長〜い首がすぐ近くに！ムシャムシャとごはんを食べている様子も間近で観察できる

京都の豊かな自然を伝える、珍しい水辺の仲間を見る事ができる「京都の森」。京都にもたくさんの生き物がいるということを再認識

8

右・コスチュームに身を包めば気分はすっかり忍者！ 撮影がセットになったプランや1時間入門体験（子ども6000円）などもあり 左・吹き矢体験は子ども用のショートサイズを使用。小さいお子さんも伊蔵さんが横について丁寧に教えてくれるので安心

SPOT 3

忍道に触れて
自然と身につく生きる力と平和の精神

抜き足、差し足…忍者の修行は楽しいね

子どもはゴム製の手裏剣や、棒手裏剣の代わりにお箸を使って、本格的な投げ方をマスター

NINJA DOJO and STORE
ニンジャドウジョウアンドストア

授乳室あり	飲食物持込OK!
雨の日OK!	ベビーカー貸出
駐車場	オムツ替えシートあり
レストランあり	入場無料

※飲食はショップスペースのみ可

PLAY — 手裏剣／吹き矢／コスチュームなど
ACCESS — 四条烏丸／地下鉄四条駅・阪急烏丸駅から徒歩約3分
CHARGE — 手裏剣（15投）／大人1000円・子ども500円 忍者吹き矢（15投）／大人1000円・子ども500円 着付けレンタル（道場内）／2時間3000円
DATA — 京都市下京区白楽天町528 2F
☎ 070-6401-8076
営 10：00～18：00
休 不定休
http://ninjadojoandstore.com

MAP_P105・8

漫画やアニメのキャラクターで親しまれる身近な存在でありながら、意外と知られていない忍者の世界。こちらは手裏剣や吹き矢など、4歳から気軽に本格的な忍者修行体験ができる道場。忍者の末裔であり、忍者の本場伊賀で修行を積んだ今を生きる忍者・市川伊蔵さんが指導してくれる。そもそも忍者の任務は主君に仕え、敵の情報を収集して持ち帰ること。そのため忍術や武器には生き抜く技術や平和を守るための知恵が詰まっているそう。伊蔵さんは体験を通して忍者から学ぶべき精神や生きる力を教えてくれる。

礼で始まり礼で終わる修行体験。楽しく体験する中でも気持ちにメリハリをつけることの大切さを教えてくれる

青森県から津軽塗りのこぼしにくいコップ1万5120円〜。子どもの小さな手でも持ちやすい形。50工程を2ヶ月半かけて作られる

銅箔や真鍮箔を使った模様に目が惹かれる、愛媛県から五十崎和紙の紙風船3240円〜。手の上でぽん、ぽんっと跳ねさせれば、まん丸に

SPOT 4

赤ちゃん、子ども向けの商品を扱うショップ［aeru gojo］に並ぶプロダクトには熱い想いが込められている。日本の伝統を未来につなげていくには、幼少期から暮らしの中で伝統に触れられる機会をつくることが大切だと考えた代表の矢島さんが「0から6歳の伝統ブランドaeru」を立ち上げた。日本各地の職人さんのもとを訪れ、職人さんと一緒に幼少期から使える商品を開発している。大人になっても使うことができる、孫へと受け継ぐことができる"ものづくり"がされているのもステキ。

日本の先人の智慧を次の世代につなぐため
赤ちゃん、子どもたちが伝統に触れる機会を

器には"かえし"がついているので、すくいやすい！

こぼしにくい器シリーズ4860円〜。愛媛県の砥部焼、青森県の津軽焼、など異なる産地がデザインを統一することで重ねることが可能に

aeru gojo
アエルゴジョウ

※オムツ替えスペースあり

PLAY — ショッピング／ワークショップ
ACCESS — 松原室町／地下鉄五条駅から徒歩約5分
DATA — 京都市下京区松原通室町
東入ル玉津島町298
☎ 075-371-3905
営 10:00〜18:00
休 水曜休
https://shop.a-eru.co.jp/gojo

MAP_P105・8

贈り物としても人気の『徳島県から本藍染の出産祝いセット』は桐箱入りで2万7000円。1枚1枚職人の手で染められた深い藍色が印象的

SPOT 5

新アトラクション登場!

映画で見た事のある江戸の街並みを歩ける[東映太秦映画村]には、アトラクションもいっぱい!仕掛けがいっぱいの魔城から脱出する「レーザーミッション 脱出の城」が登場。土・日曜、祝日はボールプールなどで遊べる「キッズランド忍ジャングル」や人気ヒーローやキャラクターにも会えて楽しそうなものばかり。

東映太秦映画村
とうえいうずまさえいがむら

ACCESS ― 太秦／嵐電太秦広隆寺駅から徒歩約5分
CHARGE ― 大人2200円、中・高生1300円、3歳以上1100円
DATA ― 京都市右京区太秦東蜂岡町10
☎0570-064-349
営9:00〜17:00、
土・日曜、祝日9:00〜18:00
12月〜2月9:30〜16:30、
土・日曜、祝日9:30〜17:00
休2017年1月16日〜1月20日 P有

MAP_P103・6

トラりんに会いに行こう!

京都国立博物館の公式キャラクター"トラりん"が2015年10月にお目見え。やんちゃで好奇心旺盛なトラりんは、京都国立博物館及び同館文化財保護基金のPR大使見習いとして活動中。尾形光琳の「竹虎図」がモチーフとなっている。登場スケジュールはHP(http://torarin.jp/)で確認してね。

待ってるリン!

SPOT 7

京都国立博物館
きょうとこくりつはくぶつかん

ACCESS ― 東山七条／京阪七条駅から徒歩約7分
CHARGE ― 展示により異なる
DATA ― 京都市東山区茶屋町527
☎075-525-2473
営9:30〜17:00
(入館は閉館の30分前まで)
休月曜休(祝日の場合は翌日)、
他臨時休館有 P有(契約駐車場)
http://www.kyohaku.go.jp/

土・日曜祝日限定

MAP_P102・5

SPOT 6

毎月第2土曜 10:00〜

市場で新鮮な食材を発見

京都市中央市場にて毎月第2土曜に開催される「食彩市」。普段入ることのできない仲卸店舗で行われるので、市場の活気を肌で感じられる貴重な機会。新鮮な食材を直接購入することができるとあり、近隣のみならずたくさんの人が訪れる。(売り切れ次第終了)

京都市中央市場
きょうとしちゅうおうしじょう

ACCESS ― 市バス「七条千本」から徒歩すぐ
DATA ― 京都市下京区朱雀分木町80番地
☎075-323-6777
営食彩市は10:00〜12:00
毎月第2土曜日のみ開催 P無

MAP_P103・6

おいしい！たのしい！
ハッピーレストラン

キッズウェルカムのお店ガイド
── 京都・滋賀 ──

子どもにとって、お店で食べるごはんも貴重な経験のひとつ。
いつもと違う場所で、時には少し緊張しながら、
みんなが「おいしいね！」と笑顔になる幸せな時間を過ごそう。

Happy! Yummy! Restaurant
KYOTO

旨みと香りの秘密は"発酵"
体が喜ぶパンとお菓子

カンパーニュ、スコーン、菓子パンなど常時約30種類が並ぶベーカリー＆カフェ。パンとお菓子は全てイチゴや柚子など季節の食材で作る自家製酵母と、京都産の国産小麦の香りを活かすため、卵やバターなどの乳製品を不使用に。噛みしめるごとに広がる香りに負けず劣らず、酵母の発酵により引き出された奥深い旨みに感動！

月1回パン教室もやってます！

'apelila
アペリラ
［出町柳／京阪出町柳駅から徒歩約7分］

▶Family Happy Point

□ 座敷(小上がり)席	□ 個室	□ 子ども食器	□ 子ども椅子
☑ キッズメニュー	□ キッズスペース	□ 絵本・おもちゃ	□ 駐車場

※子どもメニューはキッズジュースのみ、カフェスペースにはソファ席なし

Data
京都市左京区高野蓼原町36-3 ☎075-203-8506 営9:00〜16:00
休日・月・火曜休 全席禁煙
facebook／アペリラで検索
MAP_P100・3

Recommended!

店主の高橋さんが「発酵菓子」と呼ぶスコーンは日を重ねるごとに熟成して味わいが増していく。酵母の力でふわふわになる酵母ケーキ248円や豆乳キャラメルクリーム302円も一押し。カフェではランチプレートも提供

キッズプレート734円はワッフルなどがついてお得。ガパオライスなど3種から選べるプレートランチ950円、2種から選べるパスタランチ950円。有機野菜やオリジナルグッズの販売も

ジャングルの恐竜たちが
元気なキッズをお出迎え

一歩中へ入ると、そこは緑がいっぱいのジャングル。あちらこちらに姿を見せる恐竜や熱帯魚の水槽など、店の中にはキッズが喜ぶワクワクが詰まっている。契約農家から仕入れる有機野菜を使った手作りごはんは、ママもにっこりの美味しさ。3歳以下ドリンク無料のサービスもうれしい。

CAFERESTAURANT & BAR
DINOSAUR JUNGLE

カフェレストランアンドバーダイナソージャングル
［ 洛西口／阪急洛西口駅から徒歩約3分 ］

▶ **Family Happy Point**

□ 座敷(小上がり)席	□ 個室	☑ 子ども食器	☑ 子ども椅子
☑ キッズメニュー	□ キッズスペース	☑ 絵本・おもちゃ	☑ 駐車場(2台)

わくわくするね

Data
向日市寺戸町七ノ坪124 モンレーヴ1F
☎ 075-757-9486　営 平日10:00～23:00、土・日曜、祝日8:00～23:00
休 月曜日休（祝日は営業）　全席禁煙
http://www.dinocafe.jp
MAP_P98・1

14

Happy! Yummy! Restaurant
KYOTO

Yummy!

RESTAURANT & CAFE
SALAO

レストランアンドカフェサラオ
[京都市役所前／地下鉄京都市役所前駅から徒歩約2分]

▶ Family Happy Point

☑ 座敷(小上がり)席　□ 個室　☑ 子ども食器　□ 子ども椅子
☑ キッズメニュー　□ キッズスペース　☑ 絵本・おもちゃ　☑ 駐車場(1台)

みんなが笑顔になれる大人のチキンライス

ランチタイムは行列必至のレストラン。並んででも食べたい大人のチキンライス1000円はキッズにも大人気のメニュー。半個室の座敷は子連れ優先、時間制で予約できるので、ママ友とのランチ会にぴったり。ママたちの声から生まれたテイクアウトのお弁当を持って、鴨川や御所でピクニックも楽しそう。

▶ Data

京都市中京区御幸町通御池上ル亀屋町379-1 コンフォール御幸町御池フェルテ1F　☎ 075-213-0201　営 11:30～15:00（LO）、17:00～21:00（LO）　休 月曜日休（祝日は営業、翌火曜）　禁煙席有
MAP_P105・8

お子様プレート900円のライスはクマの形！このかわいさにキッズも思わずにっこり。トイレにはベビーキープやおむつ換えスペースを備え、こまやかな気配りがうれしい

時間制のバイキングで1時間980円。2時間は1380円でデザートとドリンクがつく。幼児480円、小学生780円。手作りベビー雑貨の販売もあり

おうちのようにくつろげる
栄養満点バイキングカフェ

窓から嵐電が見える、電車好きっ子にはたまらないロケーション。キッズスペースにおもちゃや絵本がたくさんで、赤ちゃんから小学生まで夢中に。バイキングには国産の新鮮野菜を使ったおばんざいが並び、子どもたちからも「全部食べたい！」との声が続出。あっさり優しい味でいくらでも食べられそう。

BABUU CAFÉ

バブーカフェ ［太秦／嵐電太秦広隆寺・帷子ノ辻駅から徒歩約5分］

▶Family Happy Point

☑ 座敷(小上がり)席	☐ 個室	☑ 子ども食器	☑ 子ども椅子
☐ キッズメニュー	☑ キッズスペース	☑ 絵本・おもちゃ	☐ 駐車場

Data
京都市右京区太秦多薮町43-23
☎ 080-6112-5111　🕙 11:30～13:30 (LO)　㊡土・日曜、祝日休　全席禁煙　http://ameblo.jp/babuu-café
MAP_P103・6

Happy! Yummy! Restaurant
KYOTO

Yummy!

ボリュームのあるビビンバセット950円はスープとおかず一皿が付いたお得なセット。おもちゃと絵本がずらりとならんだ本棚の前では食事の後に読み聞かせをしている親子の姿も

Data
京都市左京区一乗寺染殿町7 ☎075-701-5210 営12：00～15：30（LO／15：00）、17：00～22：00（LO／21：30）㊡木曜日　全席禁煙
http://www.kurigocafe.com/
MAP_P100・3

楽しい絵本たちと過ごす絵本作家が営むカフェ

韓国料理にお茶、夜はお酒も気軽に楽しめるこちら、なんと店主が絵本作家！ 靴を脱いで上がるスタイルの店内は、まるで自宅でくつろいでいるかのようで、一角には絵本コーナーが。店主の作品のほか、日本や世界の名作、韓国の絵本が並び、親子で絵本の世界に浸ってゆっくりとした時間を楽しもう。

韓国ごはんとお茶と絵本
クリゴカフェ
かんこくごはんとおちゃとえほんクリゴカフェ
[一乗寺／叡電茶山駅から徒歩約10分]

▶Family Happy Point

☑座敷(小上がり)席	□個室	☑子ども食器	☑子ども椅子
☑キッズメニュー	□キッズスペース	☑絵本・おもちゃ	□駐車場

※絵本のみ、おもちゃはなし

ファラフェルガーデン

ファラフェルガーデン　[出町柳／京阪出町柳駅から徒歩約2分]

▶Family Happy Point

☑座敷(小上がり)席	□個室	☑子ども食器	☑子ども椅子
□キッズメニュー	☑キッズスペース	☑絵本・おもちゃ	☑駐車場(2台)

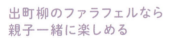

高野川を望む抜群のロケーションに加え、キッズスペースも用意。そのほか座敷席がありで子どもと一緒でも気兼ねなく過ごせる。トイレにはおむつ換えスペースも

出町柳のファラフェルなら
親子一緒に楽しめる

厳選された素材に開放的な店内、身も心も健やかになれるイスラエル料理のお店。本場イスラエル出身のアミールさんがつくるファラフェルは、ヘルシーフードとして中東やヨーロッパではおなじみの料理。イスラエルの伝統菓子バラクヴァ690円や、スープとチキンがセットになったクスクス1300円がおすすめ。

Data
京都市左京区田中上柳町15-2
☎075-712-1856 営11：00～21：30（LO／20：00）㊡無休
1F庭、2Fテラス席のみ喫煙可
http://www.falafelgarden.com/
MAP_P100・3

お野菜食堂
SOHSOH
新京極三条店

おやさいしょくどうソウソウしんきょうごくさんじょうてん
[新京極三条／阪急河原町駅から徒歩約6分]

▶Family Happy Point

☐座敷(小上がり)席	☐個室	☐子ども食器	☐子ども椅子
☐キッズメニュー	☐キッズスペース	☐絵本・おもちゃ	☐駐車場

野菜が美味しい！

野菜がたっぷり食べられる
自然派レストラン

環境にも体にもやさしい料理を掲げ、全国各地に広がる野菜レストラン。「1グラムでも多くお野菜を」と、日替わり定食は昼も夜も野菜がたっぷり！「毎日通えば、野菜不足も解消できそう」と幅広い層に人気を集める。ワインや日本酒、梅酒とお酒も豊富でアラカルトも充実し、夜の宴会も可能。

▶Data
京都市中京区新京極通三条下ル桜之町406-28 ☎075-257-7527 営11:30～22:00(LO／21:00) 休木曜休(祝日の場合は営業) 全席禁煙
http://greenlabel-group.com/
MAP_P105・8

野菜が美味しく食べられるおかずが5種付いたお野菜たっぷり玄米定食1296円。(夜は1512円)。玄米ごはんはおかわり自由。家族でも一人でも使い勝手がいい空間

RIITO
リット　[烏丸御池／地下鉄烏丸御池駅から徒歩2分]

▶Family Happy Point

☑座敷(小上がり)席	☐個室	☑子ども食器	☑子ども椅子
☑キッズメニュー	☑キッズスペース	☑絵本・おもちゃ	☐駐車場

町家の2Fは秘密基地！あそびもおなかも大満足

ふたりの息子を持つ店主の石田さんが、子育てママの目線でアイデアを詰め込んだキッズカフェ。2Fのキッズスペースへ上がると一面にプラレールが敷かれ、子どもはみんな大はしゃぎ。入場料が大人500円子ども200円必要だが、なつかしいコミック本もたくさん揃い親子で時間を忘れてしまう。

Yummy!

アレルギーに対応したミニカレー550円は卵、乳、小麦、大豆、落花生を不使用。親子でシェアできるボリュームのみそとり焼弁当850円やフォンダンショコラ450円も人気

▶Data
京都市中京区車屋町通二条下ル仁王門突抜町314 ☎075-496-8935 営11:00～17:00(LO／15:00) 休火、第4土・日曜休、他不定休有　予約がベター facebook／キッズカフェ リットで検索
MAP_P105・8

19　Cafe and Restaurant / KYOTO

京菜味 のむら

きょうさいみのむら ［烏丸蛸薬師／地下鉄四条駅・阪急烏丸駅から徒歩約3分］

▶Family Happy Point

| □座敷(小上がり)席 | □個室 | ☑子ども食器 | ☑子ども椅子 |
| □キッズメニュー | □キッズスペース | ☑絵本・おもちゃ | □駐車場 |

朝7時からオープン！
選べる京野菜のおばんざい

伏見の惣菜メーカーが営むおばんざいのお店。モーニングとランチで、かなりリーズナブルにおばんざいを味わえると話題に。卯の花やひじき豆、きんぴらなど、昔ながらのおばんざいを中心に約15種類のメニューがショーケースに並ぶ。ごはんは白米か雑穀米からチョイスできておかわり自由。

Data
京都市中京区蛸薬師通烏丸西入ル橋弁慶町224 ☎075-257-7647 営7:00～14:00(LO)、ランチ10:00～14:00 休無休 全席禁煙
http://www.nomurafoods.jp/shop/
MAP_P105・8

選べる小鉢4品とご飯、味噌汁、漬物にコーヒーか紅茶が付く朝食セット(7時～10時)は550円。ランチセットは、選べる小鉢6品とご飯、味噌汁付きで800円。名物の湯葉丼セットもあり

喫茶ムギ

きっさムギ ［御前御池／地下鉄二条駅から徒歩約9分］

▶Family Happy Point

| □座敷(小上がり)席 | □個室 | ☑子ども食器 | □子ども椅子 |
| □キッズメニュー | □キッズスペース | ☑絵本・おもちゃ | □駐車場 |

週替わりの定食800円のメインは、酸味の利いた味付けが食欲をそそる鶏肉のトマト煮。豆乳とおからのドーナツ150円や菓舗カワグチ謹製の卵・バター不使用の焼き菓子200円が人気

親子で絵本を読みながら
おうちカフェでひとやすみ

もうすぐ5歳になる男の子をもつ店主が一人で切り盛りするおうちカフェ。絵本が並んだ店内はお迎えの帰りに立ち寄った子ども連れのお母さんたちで賑わう。週替わりの定食は野菜がふんだんに盛り込まれていて、ボリューミーな人気メニュー。手作りのお菓子は手土産にも重宝する。

Data
京都市中京区西ノ京樋ノ口町105-1 ☎075-200-8283 営11:30～17:00(LO／16:30) 休日・月曜休(臨時休業あり) 全席禁煙
http://www.kissamugi.net/
MAP_P103・6

Cafe Phalam

カフェパラン ［千本御池／JR、地下鉄東西線二条駅から徒歩3分］

▶Family Happy Point

| □ 座敷(小上がり)席 | □ 個室 | ☑ 子ども食器 | ☑ 子ども椅子 |
| □ キッズメニュー | □ キッズスペース | ☑ 絵本・おもちゃ | ☑ 駐車場(1台) |

バリスタの手が紡ぎ出すコーヒー本来の美味しさを

バリスタ小國さんがコーヒーの美味しさを再発見させてくれるカフェ。やや浅煎りの豆で淹れるエスプレッソは、苦みだけではなく豆の甘みや酸味を感じられ、エスプレッソのイメージを覆されてしまうほど。店内は段差のないユニバーサルデザインで、ベビーカーでもスムーズに入店できる。

生産者の分かる旬の野菜と豆を使ったハタケ定食950円は11:00からのメニュー。豆が選べるエスプレッソは、330円〜。コーヒーの味と小國さんの優しい笑顔に癒される

Data
京都市中京区西ノ京聖町24
☎075-496-4843 営8:00〜21:00 (LO／20:30) 土・日曜、祝日9:00〜19:00 (LO／18:30) 休不定休 全席禁煙（テラス席のみ喫煙可）
http://www.phalam.jp/
MAP_P103・6

ママ＆キッズにやさしいベジタブルフード

ナチュラルで豊かな暮らしを提案するムモクテキビル。2Fのカフェでは、京北町の自家農園で無農薬、減農薬で栽培した野菜を使った定食が味わえる。肉、牛乳、卵、白砂糖、化学調味料も不使用なので、子どもの体を気遣うママにも嬉しい！併設されたファミリールームは、いつもママ＆キッズで賑わう。

mumokuteki

ムモクテキ ［御幸町六角／阪急河原町駅から徒歩約10分］

▶Family Happy Point

| □ 座敷(小上がり)席 | ☑ 個室 | ☑ 子ども食器 | ☑ 子ども椅子 |
| ☑ キッズメニュー | ☑ キッズスペース | ☑ 絵本・おもちゃ | □ 駐車場 |

チキン南蛮プレート1242円は、おからコンニャクのチキン南蛮に豆腐と大豆マヨネーズのタルタルソース。他にも、苺とてんさい糖のみの手作りいちごジャムの米粉マフィン410円など

Data
京都市中京区御幸町通六角下ル伊勢屋町351 ☎075-213-7733 営11:30〜22:00 (LO／21:00) 休不定休 全席禁煙
http://www.mumokuteki.com/
MAP_P105・8

キッズメニューのピザ860円は大人にも人気の一品。スモークサーモンのサラダ1080円のほか、メニューにないリクエストOK。離乳食やアレルギー対応もしてもらえる

Bistro Chez Momo

ビストロシェモモ
[姉小路神泉苑／地下鉄二条城前駅から徒歩約10分]

▶Family Happy Point

□ 座敷(小上がり)席	□ 個室	☑ 子ども食器	☑ 子ども椅子
☑ キッズメニュー	□ キッズスペース	☑ 絵本・おもちゃ	□ 駐車場

黒猫と緑色がシンボルの一軒家隠れ家レストラン

芸能人もお忍びで訪れるという隠れ家的フレンチレストラン。京都産の牛肉や滋賀産の野菜など、厳選した食材から作り出される味は本場さながら、それでいて肩肘張らず料理を楽しめる雰囲気づくりがされ、家族みんなで訪れやすい。フランス産ワインの品揃えが豊富だから貸し切ってのママ会にも重宝しそう。

Data
京都市中京区西ノ京池ノ内町30-19
☎075-204-5294　営12:00〜15:00、18:00〜24:00　休水曜休　時間により禁煙(12:00〜15:00)
http://www.bistro-chez-momo.com
MAP_P103・6

Vegans Cafe & Restaurant
ヴィーガンズ カフェアンドレストラン　［藤森／京阪藤森駅から徒歩約7分］

▶Family Happy Point
☑ 座敷(小上がり)席　☐ 個室　☑ 子ども食器　☑ 子ども椅子
☐ キッズメニュー　☐ キッズスペース　☐ 絵本・おもちゃ　☑ 駐車場(1台)

気軽にどうぞ！

Yummy!

本格的なヴィーガン料理で自然栽培の食材を味わおう

すべての食材を農薬・化学肥料不使用のものにこだわったカフェレストラン。肉、魚、乳製品を使わず植物性食材だけのヴィーガンスタイルを中心にしながらも味にこだわり、アレルギーを持つキッズでも美味しく食べられる。自然栽培されたお米と大豆のアイスは砂糖を使わず甘酒を入れたこだわりの一品。

ピザマルゲリータ1404円にドリンク&サラダセット540円とミニ玄米豆乳ソフト324円をつけて大満足。やさしく暖かい自然光が入る店内は、座敷席ありでファミリーにもうれしい

Data
京都市伏見区深草西浦町4-88
☎ 075-643-3921　営 11：30～15：00(LO／14：30) 17：30～21：30(LO／21：00)　日曜、祝日11：30～17：30 (LO／17：00)
休 水・木曜休、他不定休　全席禁煙
http://www.veganscafe.com/
MAP_P104・7

洋食屋 Cotelette
ようしょくやコートレット
［伏見桃山／京阪伏見桃山駅・近鉄桃山御陵前駅から徒歩約8分］

▶Family Happy Point
☐ 座敷(小上がり)席　☐ 個室　☐ 子ども食器　☐ 子ども椅子
☐ キッズメニュー　☐ キッズスペース　☐ 絵本・おもちゃ　☐ 駐車場

Happy!

全メニューがお弁当でも！
行列ができる実力派洋食店

フランスリヨンのレストランで修業後、東京や神戸のホテルニューオータニなどで実績を積んだ黒河内シェフのお店。子供の頃を思い出してほしいと、真心のこもった「大人のお子様ランチ」は子どもと一緒にシェアしてもOK。子ども連れだと大人も子どももドリンクバーが無料なのがうれしい。

Data
京都市伏見区片原町296-1　☎ 075-611-5155　営 11：00～15：00(LO)、17：00～22：00 (LO／21：00)
休 木曜休　全席禁煙
http://cotelette.net/
MAP_P104・7

ハンバーグ、海老フライ、カニクリームコロッケ、ヒレカツなどボリュームある大人のお子様ランチ1380円。同価格の洋食弁当もおすすめ。コロッケ1個200円～でお気軽に

24

キッズに大人気なのが、手作りのソースと生パスタを使ったスパゲッティ 800円。店名にちなみ、必ず一品入るじゃがいも料理もお楽しみ。くつろげる雰囲気がうれしい

洋食じゃがいも
ようしょくじゃがいも　［川端二条／市バス川端二条停すぐ］

▶Family Happy Point

☐ 座敷(小上がり)席　☐ 個室　☑ 子ども食器　☐ 子ども椅子
☑ キッズメニュー　☐ キッズスペース　☐ 絵本・おもちゃ　☐ 駐車場

小さな頃から本物の味を
すべて手作りの本格洋食

子どもには早くから本物の味を教えておきたい！というママにおすすめの本格洋食の店。ハンバーグ1300円などに使われるデミグラスソースは、じっくりと2ヶ月かけて作られたもの。香り高くまろやかで、箸がすすむこと必至。あまりの美味しさにシェアをするつもりが、子どもが一人で完食したという話もあるほど。

▎Data

京都市左京区二条通川端東入ル孫橋7-4
☎ 090-1485-5879　営 11：30～14：30、17：00～21：00　休 水曜休　禁煙席無
MAP_P105・8

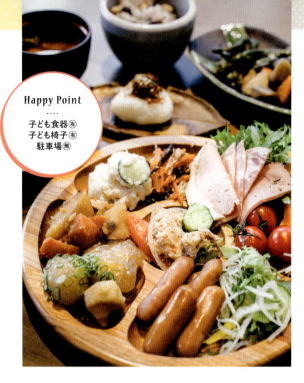

Happy Point
子ども食器 有
子ども椅子 有
駐車場 無

column 1 all you can eat!
みんな大好き 食べ放題

新鮮なお野菜もたっぷりと登場する食べ放題なら、家族みんながハッピーになれる！

錦市場にある広々空間で 京野菜をたくさん味わう

01

観光や買い物がてらに立ち寄れる、錦市場のビル2Fにあるビュッフェ形式でおばんざいがたっぷりと食べられる店。全50席という広々とした店内は、小さな子ども連れでも利用しやすいと好評。こだわりの農園から届く新鮮な京野菜をつかった料理の数々に、日頃の野菜不足を解消できそう。

作り手が見える素材を使う 体にやさしいレストラン

02

三重県伊賀市にある農場「モクモク手づくりファーム」で大切に育てられた野菜と、じっくり加工されたハムやソーセージなどを使ったビュッフェレストランが京都に登場。パン、豆腐、ジェラートなどモクモクのものづくりを味わって。ホテル内のお店だけど、もちろん宿泊客以外の利用もOK。

MEMO ビュッフェはランチ1851円、ディナー2399円で旬の採れたて野菜を使った料理がなんと60種類以上！月替わりのメニューもあってホームページで事前にチェックできるのがうれしい

元気になる農場レストラン モクモク 京都店
▶河原町六角／地下鉄京都市役所前駅から徒歩約5分

Shop Data
げんきになるのうじょうレストランモクモクきょうとてん
京都市中京区河原町通六角西入ル松ケ枝町457
ホテルビスタプレミオ京都1F ☎075-212-0929
営 朝食7:00〜10:00 (LO／9:30)
ランチ11:00〜16:00 (LO／15:00)
ディナー17:30〜22:00 (LO／21:30)
※土・日曜、祝日のディナーは17:00〜22:00 (LO／21:30)
休 無休　全席禁煙　P 無　http://www.moku-moku.com/

MAP_P105・8

Happy Point
子ども食器 有
子ども椅子 有
駐車場 有

MEMO デザートを含む約35品が食べられる、おばんざいビュッフェ＆バイキングはドリンクバー付きで60分1940円、3歳以下は無料、4歳以上は750円、小学生は1180円

京・錦 おばん菜ビュッフェ ひなたや
▶錦柳馬場／地下鉄四条駅から徒歩約5分

Shop Data
きょうにしきおばんざいビュッフェひなたや
京都市中京区錦小路通柳馬場東入ル東魚屋町180
サキゾービル2F ☎075-286-7824
営 11:00〜16:00 (LO／15:00)
17:00〜22:00 (LO／21:00)　休 無休　全席禁煙

MAP_P105・8

Happy Point
・・・・
子ども食器 有
子ども椅子 有
駐車場 有（27台）

MEMO　旬の野菜が豊富に楽しめるサラダバーをはじめ、パスタやピザ、チーズフォンデュハンバーグなど料理はどれも本格派。ランチ1360円〜＋ドルチェ3種340円。ドルチェバイキング付ディナーは2354円〜

家族みんなが笑顔で満足！
バイキングの人気店　04

パティシエ手づくりの季節のドルチェは10種類以上を用意。ランチ時はケーキワゴンで席まで届けてくれるといった親子で楽しめる工夫がいっぱい。ドルチェバイキングは季節の野菜をふんだんに使ったイタリアンサラダバーもついて1620円とお得。誕生日には特別にドルチェをデコレーションしてもらえたり一生の思い出になりそう。

ルイジアナ・ママ 京都八幡店
▶ 男山／京国道1号交差点「八幡洞が峠」から車ですぐ

Shop Data
ルイジアナママきょうとやわたてん
八幡市八幡中ノ山194-4　☎075-983-2757
営 ランチ11：00〜15：00（LO）
ドルチェバイキング14：30〜16：30（LO）
ディナー17：30〜22：30（LO／22：00）
※土・日曜、祝日のディナーは17：00〜22：30（LO／22：00）
休 無休　全席禁煙　http://l-mama.co.jp/shop_yahata/

MAP_P99・2

03
京都の新鮮野菜が集結！
カラダが喜ぶ野菜バイキング

行列ができる人気店の3号店。京都の農家が丹精込めて育てた減農薬や有機栽培の野菜をバイキングスタイルでたっぷり楽しめる。メニューには、栽培農家さんの名前が書かれるなどの工夫も！ドレッシングまで手作りのサラダや蒸し野菜、おばんざいなど30種類が食べ放題。野菜が食べたい日はこちらで決まり。

都野菜 賀茂 河原町店
▶ 河原町蛸薬師／阪急河原町駅から徒歩約3分

Shop Data
みやこやさいかもかわらまちてん
京都市中京区河原町通蛸薬師上ル奈良屋町297-2
☎ 075-222-2732
営 11：00〜16：00（LO／15：00）
17：00〜23：00（LO／22：00）
休 無休　全席禁煙　http://nasukamo.net/

MAP_P105・8

MEMO　ランチ880円、ディナー1350円。朝摘み野菜のサラダ、名物ハヤシライス、自分でトッピングするラーメンまで食べ放題。無垢の木がの空間には、1・2F合わせて全52席あり

Happy Point
・・・・
子ども食器 有
子ども椅子 無
駐車場 無

27　Column 1

Happy! Yummy! Restaurant
KYOTO

う飯重1500円は2段のお重が豪華！プラス200円すればデザート付きにできる。事前連絡でアレルギー対応可、メニューにないオーダーも相談できる。夜は一品料理が中心

行ってみよう！

Yummy!

碓屋

うすや ［三条大宮／市バス堀川三条停から徒歩約3分］

▶ Family Happy Point

□ 座敷(小上がり)席	□ 個室	☑ 子ども食器	☑ 子ども椅子
□ キッズメニュー	□ キッズスペース	☑ 絵本・おもちゃ	□ 駐車場

料理も心配りもこまやか
外ごはんデビューならココ

三条会商店街の公園すぐそばにある鰻と和食の店。三河一色産の捌きたての鰻は、臭みがなく外はパリッ、中はフワッとしていて口の中に旨みが広がる。彩り豊かな炊き合わせはダシがふんわり香り野菜嫌いの子どもでも大丈夫。バリアフリーで授乳室を完備しているので、赤ちゃん連れにもやさしいお店。

▼Data

京都市中京区三条通大宮西入上瓦町58
☎075-823-0033 営11：00〜14：00 (LO)、17：00〜21：00 (LO)
休水曜休 全席禁煙 http://usuya.net
MAP_P102・5

超・熟成牛ハンバーグステーキは1ポンド2138円、1/2ポンド1382円。熟成黒毛和牛ハンバーガー・クラシックは1026円

ハンバーグ&ステーキ
听
梅小路店

ハンバーグアンドステーキポンドうめこうじてん
［梅小路／JR丹波口駅から徒歩約10分］

▶Family Happy Point

□ 座敷(小上がり)席	□ 個室	☑ 子ども食器	☑ 子ども椅子
☑ キッズメニュー	□ キッズスペース	□ 絵本・おもちゃ	□ 駐車場

オープン以来、行列必至
素材を感じる和牛ハンバーグ

熟成肉で知られる[ステーキハウス听]のハンバーガー&ハンバーグ専門店。こちらではステーキはもちろん熟成黒毛和牛100%と玉ネギのみで作る、オリジナルハンバーグが人気。つなぎや添加物は使っていないので、ママたちにも喜ばれている。ソファ席や子ども対応トイレもあり、ファミリーでもゆったり過ごせる。

Data
京都市下京区朱雀正会町1-1 京果会館1F ☎075-746-6729 ⓘ 11:00～22:00 (LO／21:00) ⓗ 無休
全席禁煙
MAP_P103・6

29　Cafe and Restaurant / KYOTO

フレッシュなトマトが豪快に乗る丸ごとトマトカレー700円はトマトの酸味と芳醇なルーが好相性。デザート付きで低アレルゲンのキッズカレー480円

カレー大好き！

ハラペコキッズも大満足
こだわりカレーでにっこり

リニューアルオープンした京果会館1Fのカレーショップ。17日間かけて熟成させる自慢のルーと滋賀県産キヌヒカリのコンビは最高で、サイズや辛さが選べてトッピングも豊富。お店の目の前は梅小路公園、テイクアウトして公園で食べるのも気持ちよくておすすめ。JRの電車がよく見えるテラス席は特等席。

ハラペコカレー
梅小路店

ハラペコカレーうめこうじてん
[梅小路／市バス梅小路公園前停すぐ]

▶Family Happy Point

☐ 座敷(小上がり)席　☐ 個室　☑ 子ども食器　☑ 子ども椅子
☑ キッズメニュー　☑ キッズスペース　☐ 絵本・おもちゃ　☐ 駐車場

Data
京都市下京区朱雀正会町1-1 京果会館101　☎075-708-6009　⏰11:00～20:00　㊡不定休　全席禁煙
http://harapeko-curry.com
MAP_P103・6

Happy! Yummy! Restaurant
KYOTO

Veg Out vegan cafe

ベグアウトヴィーガンカフェ　［七条河原町／京阪七条駅から徒歩約1分］

▶**Family Happy Point**

| □ 座敷(小上がり)席 | □ 個室 | ☑ 子ども食器 | □ 子ども椅子 |
| ☑ キッズメニュー | □ キッズスペース | ☑ 絵本・おもちゃ | □ 駐車場 |

※キッズプレートは日により用意ができない場合もあります

**体の内側からきれいになる
ママにうれしいビーガンカフェ**

植物のようにゆったりと過ごすという意味を持つカフェ。人間は自然界の一部であるという思いを大切に、心と体が喜ぶ食事を提案する。植物性の食材だけを用いてていねいに作られるビーガン料理で、健やかな体を手に入れよう。鴨川のせせらぎをのんびり眺めながら親子で癒やしのひとときをどうぞ。

▶**Data**
京都市下京区稲荷町448 鴨川ビル1F ☎075-748-1124 ⓐ11：30～22：00 ㊡月曜休　全席禁煙　http://vegout.jp
MAP_P102・5

キッシュランチ、タコライスランチ各1296円は、植物のみとは思えないしっかりとした食べ応えで満足できるはず。キッズプレート864円～は日によって内容が替わる

広島鉄板 叶夢

ひろしまてっぱんかむ
[烏丸松原／地下鉄四条駅・阪急烏丸駅から徒歩約5分]

▶Family Happy Point

| ☑ 座敷(小上がり)席 | ☑ 個室 | ☑ 子ども食器 | ☑ 子ども椅子 |
| ☑ キッズメニュー | ☐ キッズスペース | ☐ 絵本・おもちゃ | ☐ 駐車場 |

思わず笑顔になる美味しさ
家族みんなで本格広島焼を

天かすとイカ天入りの広島焼が味わえる貴重なお店。広島から取り寄せる生麺に、仕上げに掛ける「カープソース」など、手を抜かずに本場の味を再現している。鉄板焼のメニューも豊富だから、グループで訪れて、色々とシェアして食べるのが良さそう。個室やベビーベッドもあるので赤ちゃん連れにもうれしい。

▶Data

京都市下京区松原通烏丸西入ル玉津島町315 ☎075-343-3555
営 11：00〜14：30、17：00〜23：00 休 日曜休（連休の場合は営業、翌日休。ただし日曜が祝日の場合はランチ休） 禁煙席無（ランチタイムは全席禁煙）
MAP_P105・8

広島焼豚入り800円、麺は中華麺かうどん、ミックスが選べる。牛ハラミ1000円などの鉄板焼メニューもおすすめ。店は築100年という町家を改装した、趣のある空間

京都宇治一番摘み抹茶と生クリームが贅沢に使用されたあんdeシュー（抹茶）210円、濃厚なベルギー産チョコレートがとろける舌触りのぜんざいショコラ210円など、いずれも小麦粉不使用のスイーツ

都松庵

としょうあん　［堀川三条／地下鉄二条城前駅から徒歩約5分］

▶Family Happy Point

□座敷(小上がり)席　□個室　□子ども食器　□子ども椅子
□キッズメニュー　□キッズスペース　□絵本・おもちゃ　■駐車場(1台)

みんなで食べられるね

こだわりが詰められた
あんこ屋さんのスイーツ

製餡所として始まり、現在では和洋を問わず餡を主体としたスイーツを提供する"あんカフェ"。生菓子も焼き菓子も全てグルテンフリー（小麦粉不使用）で、餡の美味しさをダイレクトに感じることができる。小豆はもちろん、水にまでこだわりを持って作られるスイーツは手土産としても重宝するはず。

▶Data

京都市中京区堀川通三条下ル下八文字町709　☎075-811-9288　営10：00～18：30（イートインLO／18：00）休水曜休　全席禁煙　P1台
MAP_P102・5

いろは定食900円は日替わりでコロッケやアジフライなどがメインに。店内の黒板に一週間分の日替わりメニューが書かれているので、次回食べたいメニューもチェックしておこう

Data
京都市中京区東洞院通丸太町下ル三本木町452 メゾンドプルミエ御所南1F
☎075-253-6534 営11：30～15：00（LO／14：30）、18：00～23：00（LO／22：00） 休日曜休 全席禁煙
facebook／168食堂で検索
MAP_P105・8

一度食べたらやみつきのボリューム満点チキンカツ

フレンチの［ビストロスポンタネ］や本場イタリアなどで20年以上キャリアを積んだ料理人が、野菜をふんだんに使った料理を楽しませてくれる食堂。ケースに並んだ小鉢をお供にビールを飲んだり、バルとして使うのもOK。ジャンボチキンカツ定食980円、おばんざいとサラダが付いたハンバーグ定食は890円。ボリューム満点な大人のお子様ランチはデザート付きで1680円。

168食堂
イロハしょくどう
［御所南／地下鉄丸太町駅から徒歩約2分］

▶Family Happy Point

| □座敷(小上がり)席 | □個室 | ☑子ども食器 | □子ども椅子 |
| □キッズメニュー | □キッズスペース | ☑絵本・おもちゃ | □駐車場 |

※絵本のみ、おもちゃはなし

thai cafe kati
タイカフェカティ ［御所南／地下鉄京都市役所前駅から徒歩約7分］

▶Family Happy Point

| □座敷(小上がり)席 | □個室 | ☑子ども食器 | ☑子ども椅子 |
| □キッズメニュー | □キッズスペース | □絵本・おもちゃ | □駐車場 |

スパイシーでアツアツな本格エスニックを味わおう

緑色の壁が目を引く落ち着いた店内で、気軽に本格的タイ料理が味わえるこちら。タイでレストランを経営していたシェフの料理は、スパイシーな炒め物から麺、揚げ物などバリエーション豊かで一度食べるとまた通いたくなる味。アラカルトとお酒、デザートとお茶など、どんなシーンでも活躍しそう。

お昼のみオーダーできるパッタイランチは、タイ料理でも人気の高いパッタイに隠し味が決め手の春巻きがついて970円とお得なセット。異国ムード満点のランチタイムを過ごそう

Data
京都市中京区夷川通麩屋町西入ル木屋町488-1 woodビル2F ☎075-211-1282
営12：00～14：00、17：30～22：00
休月曜休 禁煙席無
http://www.thaicafe-kati.com/
MAP_P105・8

自家製麺 天狗

じかせいめんてんぐ ［丸太町／京阪神宮丸太町駅から徒歩約10分］

▶Family Happy Point

□座敷(小上がり)席　□個室　■子ども食器　□子ども椅子
□キッズメニュー　□キッズスペース　□絵本・おもちゃ　□駐車場

あっさりだけどコクがある
ダシとささめん最強タッグ

オリジナルの細い中華麺「ささめん」が味わえる明治創業の食堂。使用しているうどん、そば、ささめんは店名通り自家製麺で、鍋焼きなど煮込み系以外のメニューは好きな麺を選べる。注目のささめんは、昆布、鯖、ウルメ、メジカでとったダシと相性抜群。キッズ向けの丼ぶりとうどんのセット500円が人気。

▶**Data**

京都市上京区河原町通荒神口上ル東桜町39　☎075-231-1089　営昼11：30〜14：00ごろ（最終入店）、夜17：30〜20：30ごろ（最終入店）※売り切れ次第終了　休日曜、祝日の夜休　昼は禁煙、夜は喫煙可
MAP_P102・5

子ども用のイスはないが、座る高さを調整するクッションを用意してくれるので、ファミリーで来店してもOK。夏までの限定メニュー焦がしねぎささめん890円は1日10食のみ

喫茶と焼き菓子 ダバダバ

きっさとやきがしダバダバ ［西院／嵐電西大路三条駅から徒歩約1分］

▶Family Happy Point

■座敷(小上がり)席　□個室　□子ども食器　□子ども椅子
□キッズメニュー　□キッズスペース　■絵本・おもちゃ　□駐車場

かわいい看板に誘われて
レトロな町家でパンケーキ

賑やかな西大路通りを一本入った住宅地、昭和初期に建てられたというレトロな町家と看板がお出迎え。人気のパンケーキはオーダーを受けてから焼き上げるため少し時間がかかるが、昭和レトロなインテリアを眺めているとあっという間。［Unir］のスペシャルティコーヒーと一緒にゆったりとしたひと時をどうぞ。

▶**Data**

京都市中京区壬生西大竹町24　☎075-313-8878　営11：30〜18：00　休月曜休　全席禁煙
http://dabadaba.jp/
MAP_P103・6

フワフワもちもちの生地に季節替わりでイチゴやバナナ、ブルーベリーをトッピングするホイップ・パンケーキ850円。座敷席があるので子ども連れでものんびりと過ごせる

キッズメニューはパスタorカレーが選べる。キッズパスタセット600円はスープにアイスクリーム付き。日射しを浴びながらのんびりとしたカフェタイムを過ごそう

解放感いっぱいのカフェで新鮮な美味しさと出合う

吹き抜けの天井から自然光が降りそそぎ、まるでテラスのような開放感。お目当ての有機野菜を使用したプレートランチ1000円～は、フレンチやイタリアンなどのシェフが週替わりで担当するので、来るたびに新鮮な美味しさと出合うことができる。リフレクソロジーやライブなどのイベントも開催。

Data
京都市左京区下鴨北園町110-5
☎075-741-8818 営11：30～18：30 (LO／18：00) 休日曜休　全席禁煙
http://ameblo.jp/rarara-sakura-cafe/
MAP_P100・3

SAKURA CAFE

サクラカフェ　［下鴨／地下鉄北山駅から徒歩約12分］

▶Family Happy Point

☐ 座敷(小上がり)席	☑ 個室	☑ 子ども食器	☐ 子ども椅子
☑ キッズメニュー	☐ キッズスペース	☑ 絵本・おもちゃ	☑ 駐車場(3台)

NICK STOCK
京都リサーチパーク店

ニックストックきょうとリサーチパークてん
［丹波口／JR丹波口駅から徒歩約7分］

▶Family Happy Point

☐ 座敷(小上がり)席	☐ 個室	☑ 子ども食器	☐ 子ども椅子
☐ キッズメニュー	☐ キッズスペース	☐ 絵本・おもちゃ	☑ 駐車場

一日通して肉を楽しむ！ザ・肉が旨いカフェ

ステーキやハンバーグ、ホットドッグなど、こだわりの肉を使った多彩なメニューが、モーニング、ランチ、カフェ、ディナーとそれぞれにラインナップ。アメリカの西海岸を思わせる雰囲気も、肉を楽しむムードを盛り上げてくれそう。もちろんパンケーキやコーヒーなどのカフェメニューも充実。2Fのソファ席では子どもとゆったりできそう。

Data
京都市下京区中堂寺粟田町90 京都リサーチパーク8号館1F
☎075-316-1674 営モーニング9：00～11：00、ランチ11：00～14：00 (LO)、アフタヌーン14：00～17：00、ディナー17：00～23：00 休不定休　禁煙席有 (テラス席のみ喫煙可)
MAP_P103・6

20食限定のサービスステーキランチ(200g)1080円とお値打ち！＋302円で自家製極太ウインナーコンボが追加できる。ふわふわ食感のNEWYORKパンケーキ1274円も人気

大きめにミンチした神戸牛は、厳選した国産じゃがいもや淡路産の玉ねぎとの相性抜群。ランチタイムならコーヒーまたは紅茶が付く。夜は単品734円でオーダーできる

cucina KAMEYAMA

クチーナカメヤマ　[北白川／叡電茶山駅から徒歩約10分]

▶Family Happy Point

| □座敷(小上がり)席 | □個室 | ■子ども食器 | □子ども椅子 |
| □キッズメニュー | □キッズスペース | □絵本・おもちゃ | □駐車場 |

神戸牛を使ったコロッケは
クリーミーでとろける食感

家族で切り盛りするアットホームな雰囲気のイタリアンバル。パスタやピッツァなど豊富なメニューから選べるランチの中で、特にオススメなのはサクサククリーミー神戸牛コロッケセット1000円。神戸の精肉店から直接仕入れる最高等級A5ランクの神戸牛を使用しクリーミーな食感に仕上げた逸品。

▶Data

京都市左京区一乗寺塚本町106 アベニュー77 1F　☎075-275-9609
営 11：30〜15：00(LO／14：00)、18：00〜23：30(LO／22：30)
休 火曜休　禁煙席有
MAP_P100・3

焼き立てパンと洋菓子
GEBACKEN
深草本店

やきたてパンとようがしゲベッケンふかくさほんてん
[深草／京阪藤森駅から徒歩約7分]

▶Family Happy Point

| □座敷(小上がり)席 | □個室 | ■子ども食器 | ■子ども椅子 |
| ■キッズメニュー | □キッズスペース | □絵本・おもちゃ | □駐車場 |

素材選びからこだわった
美味しいパンが大集合！

市内に3店舗を構える老舗パン屋さんで、こちらの本店では本格パスタランチが楽しめる。トマトソースやカルボナーラなどのパスタをはじめ、ハンバーガー、ホットサンドなどランチの種類は豊富。お子様ランチ300円はスパゲティナポリタンとプチクロワッサン、デザートまでセットで大満足。

くるみフランスなど焼きたてパン3種＋前菜、具だくさんパスタがセットになったLunch 800円は＋200円がドリンク付く。オールタイム全席禁煙なのはポイントが高い

▶Data

京都市伏見区深草西浦町6-70　☎075-644-7782　営 販売、カフェ7：00〜17：30、ランチ11：00〜14：00　休 無休　全席禁煙
http://www.eonet.ne.jp/~gebekken/
MAP_P104・7

野菜ソムリエが献立を考えた20品目の野菜ランチ1296円は、彩りも美しい。新鮮な野菜がたっぷり摂取できるのも嬉しく、ごはん、味噌汁付きでバランスも good

菓寮 伊藤軒

かりょういとうけん
[藤森／京阪藤森駅から徒歩約15分]

▶Family Happy Point

☐ 座敷(小上がり)席　☑ 個室　☐ 子ども食器　☑ 子ども椅子
☑ キッズメニュー　☐ キッズスペース　☐ 絵本・おもちゃ　☑ 駐車場

※個室は別途料金が必要、予約制

創業150周年のお菓子屋さんのランチやカフェで楽しい時間を

古くから愛されてきたお菓子屋さんが、2015年にカフェや体験工房、ショップが一つになった菓寮をオープン。野菜たっぷりのランチや、作りたての生菓子、コーヒーなどが提供される。昔懐かしいお菓子も並んでいるので、ゆっくりくつろいだ後はショッピングも楽しめる。

Data
京都市伏見区深草谷口町28-1
☎0120-929-110　営10：00～18：00 (LO／17：30)、ランチ11：00～14：00　休水曜休　全席禁煙
MAP_P104・7

cafe, 春の日

カフェはるのひ　[東寺南大門／近鉄東寺駅から徒歩約10分]

▶Family Happy Point

☐ 座敷(小上がり)席　☐ 個室　☐ 子ども食器　☐ 子ども椅子
☑ キッズメニュー　☐ キッズスペース　☑ 絵本・おもちゃ　☐ 駐車場

和やかな時間を過ごせるアットホームなカフェ

東寺からほど近くにある、子どもからお年寄りまで幅広い年齢層が集うカフェ。ランチメニューのラインナップが豊富で、生地から手作りするピッツァに、手ごねハンバーグなど20種類以上もあり、キッズメニューもスタンバイしている。野菜不足にならないようにと、バランスが良いのも嬉しい気遣い。

Data
京都市南区四ツ塚町67　☎075-662-7087　営11：30～15：00、17：00～22：00 ※15：00～17：00は焙煎
休月曜休　禁煙席有　P無
MAP_P103・6

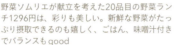

子ども連れに嬉しいのがゆったり座れるソファがあること。店内奥は完全禁煙席になっている。オーダーが通ってから豆を挽いてドリップするこだわりのコーヒーでほっと一息

旬を大切にした料理を食べながら、子どもに食材の話をするというのも楽しいお勉強になりそう。ランチは950円〜で、パスタ、ピッツァ、リゾットなどからセレクトできる。

▼Data
京都市中京区西ノ京南円町101 2F ☎ 075-802-6636 営 11:30〜15:00 (LO／14:00)、18:00〜22:30 (LO／22:00) 休 月曜休 全席禁煙 http://novecchio.com/
MAP_P103・6

本格イタリアンをカジュアルに
小さい頃から本物の味に触れる

円町駅からすぐ、木目のテーブルがナチュラルな印象を与えるお店。一見するとカフェのようでもありながら、料理は本格的なイタリアン、肩肘張らずに美味しい料理がいただける。手打ちパスタやナポリピッツァなど、旬の食材を使った一品は、いつ訪れても新鮮な出合いと感動を与えてくれる。シェフおまかせの子供用パスタは500円(ランチ時)。

NOVECCHIO

ノヴェッキオ ［円町／JR円町駅から徒歩約1分］

▶Family Happy Point

□座敷(小上がり)席	□個室	■子ども食器	■子ども椅子
■キッズメニュー	□キッズスペース	□絵本・おもちゃ	□駐車場

※近隣に提携コインP有、ディナータイムのみ3時間無料

cafe yakusoku

カフェヤクソク ［衣笠／嵐電北野白梅町駅から徒歩約15分］

▶Family Happy Point

■座敷(小上がり)席	□個室	■子ども食器	□子ども椅子
□キッズメニュー	□キッズスペース	□絵本・おもちゃ	■駐車場(3台)

ほっと落ち着く空間で
ゆったり食後のコーヒーを

玄関を開けて靴を脱いだら、思わず「ただいま」と言ってしまいそうなお家カフェ。小さな路地に面した民家を改装した空間では、娘さんが料理を担当しお母さんが食後のコーヒーを注いでくれる。日替わりランチはyakusokuセットとおばんざいセットの2種。どちらも野菜たっぷりでごはんのおかわり自由。

本日のyakusokuセット1100円は＋300円すれば2品デザートが付く。座敷席ありでファミリーでもゆったりと過ごせる。店内では子ども服の販売もしており、かわいい一着が見つかるかも

▼Data
京都市北区平野上柳町108 ☎ 075-462-4470 営 11:30〜17:00(LO／16:30) 休 日曜、祝日休 全席禁煙
MAP_P101・4

野菜いっぱいのランチプレートは950円。ランチメニューは週替わりなので定期的にふらりと立ち寄りたい。キッズカレー550円などキッズメニューもあるのでファミリーで楽しめる

▶Data
長岡京市緑が丘21-18 ☎075-925-9933 営11:30～18:00(LO／17:30) ※ランチはなくなり次第終了
休日・月曜、祝日休、他不定休 全席禁煙
http://www.chaco205.com
MAP_P99・2

chaco
チャコ［ 長岡京／JR長岡京駅から徒歩約13分 ］

▶Family Happy Point

□座敷(小上がり)席	□個室	■子ども食器	■子ども椅子
■キッズメニュー	□キッズスペース	■絵本・おもちゃ	■駐車場(1台)

おしゃれな隠れ家で楽しむ
ゆるり優雅なティータイム

真っ白な外壁とインテリアがおしゃれな隠れ家的カフェ。オーナーがコツコツと集めたというアンティーク家具に囲まれながら、ソファ席で子どもや赤ちゃんと一緒にゆったりと過ごすことができる。2Fが空いている場合はおむつ換えや授乳スペースとして開放してくれるので、他のお客さんの目を気にせず赤ちゃんのお世話をできるのがうれしい。

BAKERY+GELATO moco
ベーカリージェラートモコ ［城陽／JR長池駅から徒歩約2分］

▶Family Happy Point

□座敷(小上がり)席	□個室	□子ども食器	□子ども椅子
□キッズメニュー	□キッズスペース	□絵本・おもちゃ	■駐車場(2台)

良質な素材にこだわった
パンとジェラートがずらり

店主がセレクトした独自ブレンドの小麦粉や良質のバターを使用して焼き上げるパン屋さん。こぢんまりとした空間に並ぶパンは30～40種！パンと並んで看板メニューになっているジェラートは北海道産生クリームと淡路牛乳を使ったミルク324円など、良質な素材の味がダイレクトに感じられる。

▶Data
城陽市長池河原30-8 ☎0774-26-3338 営10:30～18:00※売り切れ次第終了 休火・水曜、他不定休 有 イートイン不可
http://10moco.net/
MAP_P99・2

一番人気のふんわりやわらかくるみパン410円（ハーフ205円）。ブラックペッパーが利いたカリカリベーコンクリームチーズサンド216円。地元の寺田イモを模した長池パンは172円

ハンバーグ ダイニング
たくみ

ハンバーグダイニングたくみ ［三山木／JR同志社前駅から徒歩約3分］

▶Family Happy Point

□ 座敷(小上がり)席	□ 個室	☑ 子ども食器	☑ 子ども椅子
☑ キッズメニュー	☑ キッズスペース	☑ 絵本・おもちゃ	☑ 駐車場(7台)

大量の肉汁が溢れ出す
じんわり旨いハンバーグ

丸一日煮込んだデミソースが味わい深い「たくみハンバーグ」をはじめ、チーズ、和風おろし、照り焼ききのこ、ねぎみそ、シチューなどバラエティ豊かなハンバーグが名物。150g、200g、250gとサイズが選べるのも嬉しい。キッズプレートにはミニハンバーグ！子ども連れでも安心のキッズスペース有。

人気の一皿は、ハンバーグ(150g)とエビフライ1150円。サラダ、スープなどが選べるセットも用意。ランチはセットなのでお得で、日替わりランチ(30食限定)もある

Data
京田辺市三山木野神56 ☎0774-64-2639 営11:30～15:00(LO)、17:30～22:00(LO／21:00)
休水曜休　全席禁煙
http://www.hamburg-takumi.com/
MAP_P99・2

地鶏料理 ちきんはうす

じどりりょうりちきんはうす ［普賢寺／JR三山木駅から車で約7分］

▶Family Happy Point

☑ 座敷(小上がり)席	□ 個室	☑ 子ども食器	☑ 子ども椅子
□ キッズメニュー	□ キッズスペース	□ 絵本・おもちゃ	☑ 駐車場(40台)

※ランチタイムは個室なし、座敷(小上がり)席は要予約

メニューの一部はテイクアウトができる他、地卵を購入することも可能。ディナータイムには子どもにドリンクをサービスするという、やさしい心配りも

夜はお子様に
ドリンクサービスがあり

鮮度抜群の地鶏料理がいただける［ちきんはうす］。親子丼、チキンカツ、焼き鳥など、みんなが大好きなメニューがラインナップしている。中でもこちらの自慢は鶏鍋で、14時間煮込んでつくったスープがベースの鶏味噌鍋は、滋味溢れる味わいが魅力。仕込みに時間が掛かるため、鶏鍋が食べたい場合は予約がおすすめ。

Data
京田辺市普賢寺中島2 ☎0774-62-0436 営11:30～14:00、17:00～22:00 休月曜休(祝日の場合は営業) http://www.chickenhouse.jp/
MAP_P99・2

» Shop Data　たつみや
宇治市宇治塔川3-7　☎ 0774-21-3131
営 11：00～14：30（LO）、16：30～20：00（LO）
※夜は要予約　休 水曜不定休　禁煙席有
http://www.uji-tatsumiya.co.jp/

» Happy Point
☑ 座敷席(有)　☑ 個室(有)　☑ 子ども食器(有)
☑ 子ども椅子(有)　☑ キッズメニュー(有)
☑ P(有)（5台）

MAP_P99・2

column 2
家族みんなの お食事会
dinner of the family

家族のお祝いや、親族との集まりなど、
小さい子どもが一緒でも安心のお店です

キッズメニュー

MEMO：宇治川の絶景が堪能できる個室もおすすめ。宇治丸弁当3000円（サ別）は鰻の印籠煮、宇治茶入り肥料で育った鶏卵のだし巻きなど、多彩な料理が約25種類も詰まった名物メニュー

» Japanese Food

辰巳屋
（宇治／京阪宇治駅から徒歩約12分）

お茶問屋として1840年ごろに創業し大正2年に料理屋となって100余年。厨房を率いる八代目の左聡一郎さんが、宇治の抹茶や旬の食材を五感で楽しめる料理へと変身させる。キッズメニューのお子様竹籠弁当2160円は味もボリュームも大人顔負けのクオリティ。おむつ替えができるベビーベッドがあるのもうれしい。

"宇治川前にたたずむ名店で子どもにも本格和食を"

大人メニュー

42

» Chinese Food
老香港酒家京都
（四条烏丸／地下鉄四条・阪急烏丸駅から直結）

香港から来日した総勢9名ものベテランの点心師たちが厨房で腕を振るい、できたてアツアツの飲茶をワゴンでサービス。香港スタイルの本格的な飲茶が満喫できると評判で、昼の飲茶食べ放題コースでは前菜からデザートまで約70種類が楽しめる。辛さひかえめの広東料理がベースなのでキッズも食べやすい。

MEMO：人気はランチ限定の飲茶食べ放題90分コース。皮付き焼き豚など趣向を凝らした点心が楽しめ、大人3800円、小学生1800円、幼児1200円。個室も完備されておりファミリーで訪れても安心

"食べたいものを好きなだけ烏丸で本格的な点心を満喫"

アツアツを召し上がれ！

» Shop Data
おーるどほんこんれすとらんきょうと
京都市下京区烏丸通四条下ル水銀屋町620
COCON烏丸B1F　☎075-341-1800
営 11：30～15：30（LO／15：00）
17：00～22：00（LO／21：00）
休 無休　禁煙席有（個室は喫煙可）
※サービス料別途10％

» Happy Point　☑個室有　☑子ども食器有　☑子ども椅子有

MAP_P105・8

モッツァレラチーズと
トマトをサンドした
パニーノカプレーゼ

¥432-

¥172-

むっちり生地にプチプチの
食感がたまらない三種の雑穀ベーグル

Trying to take out!
家族で楽しもう外ごはん

おいしいごはんと楽しい外遊び。
一緒にできると、もっと楽しい。ごはんやおやつを
テイクアウトして、家族みんなで出かければ、
近所の公園も川辺も
スペシャルスポットに早変わり！

寺町御池
グランディール
御池店

目移りする多彩な品揃え

ベーグルやクロワッサン、サンドウィッチに定評のある人気店。ラインナップは約120～140種。御池店限定の9種のイタリアンサンド・パニーノは注文後に焼き色を付けるから熱々のまま持ち帰れる。

グランディールおいけてん
京都市中京区寺町通御池上ル上本能寺前町480-2
☎075-231-1537　⊗8：00～19：00
㊡無休※1/1～2は休　P無　イートイン不可
MAP_P105・8

のんびりゆったり
青空ランチ
（御苑エリア）

街なかのオアシス、京都御苑。季節の花々をはじめ、
小川や野外図書コーナーなど
子どもたちが楽しめる場所がいっぱい。

《 Picnic Memo 》
青空ランチメモ

① 芝生でランチを楽しむには、京都御苑南西部、「下立売御門」を入ってすぐの「出水の小川」周辺がおすすめ。

② 京都迎賓館の北側の「母と子の森」には、さまざまな種類の野鳥がやってくる。「森の文庫」には本もたくさん。

③ 「堺町御門」の近くのトイレには、ベビーシートやベビーキープが設置されているトイレがあるので利用して。

※場所取りなど、周囲の人の迷惑になることは控えよう。

¥1590-

オーストラリア産の肉を
あっさりジューシーに揚げた
ビーフカツサンド（130g）

河原町丸太町
キッチンゴン　御所東店

ボリューム満点の洋食がずらり

創業46年の地元密着の洋食店。チャーハンにカツ、そしてカレーが一体となった名物「ピネライス」をはじめ、誰にも愛されるメニューが揃っている。ボリューム満点なのもうれしい。

キッチンゴンごしょひがしてん
京都市上京区河原町通丸太町下ル
伊勢屋町399　☎075-255-5300
⊗11：00～22：00（LO／21：40）
㊡火曜休　P無　イートイン可
MAP_P105・8

¥250-
バナナと生地がなめらかに
馴染むバナナクリームチーズスコーン

¥250-
ブルーベリーの酸味が利いた
ブルーベリークリームチーズスコーン

¥864-
新鮮なフルーツ
5種類がたっぷりの
スペシャルサンド

烏丸御池
NAKAMURA GENERAL STORE

……

京都で出会う本格スコーン

烏丸御池の路地裏にたたずむアメリカンスタイルの焼き菓子店。平らな形のハワイアンスコーンは、バターたっぷりの生地にゴロっと入ったフルーツとクリームチーズが好相性。

ナカムラジェネラルストア
京都市中京区押小路通室町
西入ル蛸薬師町293-1
☎ 090-3652-0454
⏰ 11:00～18:00
※売り切れ次第終了
㊡ 水曜休　P無　イートイン不可
MAP_P105・8

烏丸今出川
ヤオイソ 烏丸店

……

旬のフルーツを楽しんで

明治2年創業の果物専門店。店先に立つだけで甘い香りがし、食欲をそそる。本来のフルーツの味を知ってほしいとうまれた「フルーツサンド」は、今や店の看板商品。手土産に使う人もいるのだそう。

ヤオイソからすまてん
京都市上京区烏丸通
今出川上ル東側
☎ 075-451-8415
⏰ 10:30～18:00
（パーラーは～16:45LO）
㊡ 不定休
P無　イートイン可
MAP_P100・3

¥162-
プレーン。
生地自体の甘みが
しっかり感じられるプレーン

¥205-
子どもたちの一番人気
いちごチョコレート

烏丸御池
Doughnut Cafe nicotto & mam

……

ふわふわドーナツにニコッ！

天然酵母を使ったドーナツの専門店。もちもち＆ふわふわの食感と、常時12～13種が日替わりで並ぶという多彩なバリエーションで子どもたちも大喜び。卵を使っていないのでアレルギーにも安心。

ドーナツカフェニコットアンドマム
京都市中京区車屋町通押小路上ル
☎ 075-223-3630
⏰ 11:00～18:30
（土曜、祝日は～18:00、イートインは18:00LO）
※売り切れ次第終了　㊡ 日曜休　P無　イートイン可
MAP_P105・8

烏丸御池
しろはとベーカリー

……

毎日食べたいやさしい味

愛らしい白鳩の手描き看板が目印。小さな店内には全粒粉や玄米、てん菜糖など体にやさしい素材を活かしたパンが並ぶ。ハード系から王道のクリームパンやサンライズまで種類は充実。

¥160-
しっかり香る
シナモンがクセになる
シナモンロール

¥160-
穏やかな甘みの
てん菜糖を使った
バナナとくるみのマフィン

しろはとベーカリー
京都市中京区押小路通烏丸東入ル
西押小路町102-2 ヴィラート押小路1F
☎ 075-223-2242　⏰ 7:00～19:00
㊡ 日・月曜休※GW、シルバーウィーク、
年末年始に連休あり　P無　イートイン不可
MAP_P105・8

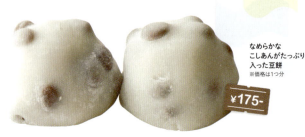

なめらかな
こしあんがたっぷり
入った豆餅
※価格は1つ分

¥175-

北大路橋
WIFE & HUSBAND

オープンエアの贅沢時間
吉田さん夫妻が営む自家焙煎珈琲店。コーヒーをポットに入れてレンタルする「ピクニックバスケット」を利用すれば、川辺で子どもの遊ぶ様子を見ながら、贅沢なカフェタイムを過ごすことができる。

出町柳駅
出町ふたば

創業117年の出町柳名物
赤ちゃんのほっぺのようにふっくらまあるい「豆餅」。滋賀羽二重もち米でついた柔らかな餅、ほのかな塩を利かせたえんどう豆、甘さ控えめなこしあんのハーモニーが見事。

でまちふたば
京都市上京区出町通
今出川上ル青龍町236
☎ 075-231-1658
⏰ 8:30〜17:30
休 火・第4水曜休
（祝日の場合は翌日休）
P無　イートイン不可
MAP_P100・3

¥1000-

たっぷりのコーヒーに
小さなお菓子が付く。
ござや丸イスなどの
レンタルも可能（別料金）
※価格は1人分、レンタルは15:30（LO）

ワイフアンドハズバンド
京都市北区小山下内河原町106-6
☎ 075-201-7324
⏰ 10:00〜17:00（LO／16:30）
休 不定休（HPの営業カレンダーを確認のこと）
P無　イートイン可
※ピクニックバスケットは予約がベター
MAP_P100・3

¥220-

ベーコンエピ
ベーコンの塩けと
生地の旨みが魅力

パテ・ド・カンパーニュ
噛み応えある生地が
パテの食感にマッチ

¥460-

寺町今出川
アルチザナル

フランス仕込みの天然酵母パン
店の外観はまるでギャラリー。フランスでの修業経験を活かし、自家製の天然酵母を使ったパンを焼く。大人好みのハード系をはじめ、子どもの喜ぶおかず系や甘めのパンまで約40種が揃う。

アルチザナル
京都市上京区今出川通寺町
東入ル一真町89
☎ 075-744-1839
⏰ 8:00〜19:00
休 水・木曜休
P無　イートイン可
MAP_P100・3

みんなでワイワイ
川辺りピクニック
【鴨川エリア】

京都の市街地を流れる鴨川。
その川辺りは、気軽にピクニックができる絶好のスポット。
ピクニックシートを持って出かけよう。

《 Picnic Memo 》
川辺りピクニックメモ

① 鴨川の三角州「鴨川デルタ」や、ベンチの多い荒神橋付近などがピクニックにはおすすめ。

② ウェットティッシュやゴミ袋のほか、遊び疲れて寝てしまった時のために大きめのタオルがあると便利。

③ 鴨川や高野川などでのバーベキューは禁止されているので注意しよう。

[熊野]
charcuterie LINDENBAUM

……

本場ヨーロッパの味を手軽に

ヨーロッパ各地で修業を積んだ店主が腕をふるうシャルキュトリー。ランチタイムにあわせて登場する、キッシュ、スープ、ガレットの3種のランチボックスは売り切れることも多いという人気商品。

¥750-

キッシュランチボックス。具材などはすべて日替わり

シャルキュトリーリンデンバーム
京都市左京区丸太町通川端東入ル東丸太町41-6
☎ 075-751-0786　営 10：00〜19：00
（※ランチボックスは10：30ごろ〜）
休 水曜休、他不定休あり　P無　イートイン不可
MAP_P102・5

[寺町二条]
イタリア菓子 コロンボ

……

瓶に入った絶品ティラミス

同名の［イタリア食堂コロンボ］が運営するスイーツショップ。看板商品の瓶入りティラミスは、アーモンドリキュールが利いているが、子どもにもうれしいリキュールなしのものもスタンバイ。

¥540-

サクサクのビスコッティとクリームの相性抜群

イタリアがしコロンボ
京都市中京区寺町通二条上ル
要法寺前町709-2
☎ 075-231-5577
営 11：00〜18：00　休 水曜休
P無　イートイン不可
MAP_P105・8

[烏丸御池]
Fruit&Cafe HOSOKAWA

……

まるでパティスリーのよう

下鴨本通北大路交差点近くの老舗高級果物店。厳選されたフルーツのほか、パティスリーを思わせるスイーツが並ぶ。フルーツがたっぷりつまった「フルーツエクレア」が、この春、新登場。

中には、自家製のカスタードがたっぷり

¥378-

フルーツアンドカフェ
ホソカワ
京都市左京区下鴨東本町8
☎ 075-781-1733
営 10：00〜18：00
（カフェ〜17：00LO）
休 水曜休　P有
イートイン可
MAP_P100・3

ハンデルスベーゲンきたおおじてん
京都市北区小山北上総町43-2
☎ 075-494-0575　営 11：00〜21：00
（土曜10：00〜22：00、日曜10：00〜）
休 無休　P無　イートイン可
MAP_P100・3

季節ごとに限定フレーバーが登場するアイスクリーム
Sカップ
※価格はSカップ1つ分

[烏丸北大路]
HANDELS VÄGEN 北大路店

……

選んで楽しい濃厚アイス

16種のフレーバーから選べる、濃厚でクリーミーなアイスクリーム。北海道産生クリームや生産者から直接仕入れる果実など国産素材をふんだんに使った手づくりにこだわる。

¥380-

一乗寺
ドイツ菓子
FrauPilz

滋味深い本物のドイツ菓子

本場ドイツで修業を重ねたオーナーが焼くドイツ菓子の店。伝統的なレシピを大切にし、醗酵バター、国産小麦、沖縄の素精糖など安心で良質な材料から作る。店内はきのこモチーフでいっぱい。

ドイツがしフラウピルツ
京都市左京区一乗寺
樋ノ口町19-6
☎ 075-712-7517
営 11：00〜18：00
休 日・月曜休(第3日曜は営業)
P有(1台)　イートイン可
MAP_P100・3

バニラ風味のほろほろクッキー
「バニレキプフェル ピルツフォーム」
¥432-

甘酸っぱい木いちごのジャムがポイントの「ヒンベア ショコ ケクセ」
¥432-

¥750-
ごはんに蒸し鶏を
乗せたカオマンガイ
※お弁当箱のレンタルはデポジット制(1000円)。
予約がベター

一乗寺
パンとごはん　AOW

タイのお弁当箱でテイクアウト

タイの田舎町、パーイで店主夫妻が出合った料理を楽しめる。週替わりのランチのうち1種はタイ式のお弁当箱に入れてテイクアウトが可能。パン系がメインの「こどもちゃんSet」(540円)もおすすめ。

パンとごはんアオ
京都市左京区
一乗寺払殿町12-17
☎ 050-1081-2835
営 11：30〜売り切れまで
休 不定休(ツイッター
@aowhanaなどで確認のこと)
P無　イートイン可
MAP_P100・3

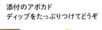

てくてくトコトコ
のんびり
おさんぽ
一乗寺エリア

下町情緒あふれる一乗寺エリア。
北白川辺りまで足を伸ばせば、
大小さまざまな公園もたくさん。
お散歩がてら外ごはんを楽しもう。

添付のアボカド
ディップをたっぷりつけてどうぞ
¥680-

元田中
VILLA BUENA

正統派の欧風焼き菓子

フランスを中心にしたヨーロッパの焼き菓子を専門に扱う。バル風の明るい雰囲気の店内には、クッキーやタルト、パイなど常時約15種類の商品がずらり。添加物を極力抑えて、素材の味を追求している。

ビジャブエナ
京都市左京区田中里ノ内町114-1
☎ 075-702-6868
営 11：00〜18：00
休 火曜休　P無　イートイン不可
MAP_P100・3

卵不使用のチョコチップクッキー
「ピエドラ」
¥400-

《 Picnic Memo 》
のんびり
おさんぽメモ

① 公園によって遊具がいろいろある。日頃から少しずつチェックしておこう。

② 元気に遊ぶ子どもたちに水分は必須。飲み物は水筒などに入れて持って行くほうがベター。

③ さまざまな人が集う公園。偶然出会った人と仲良くなるなどのうれしい機会も。

上終町
ReaBon
はなれ

レストランの味を持ち帰り

白川疏水に面したフレンチレストラン「ReaBon」の支店。レストラン仕込みのメニューからお惣菜、お弁当までがリーズナブルに揃う。エビとアボカドの生春巻きには自慢のポテトサラダがたっぷり。

リーボンはなれ
京都市左京区北白川上終町25-8
☎ 075-724-8129
営 11：30〜20：00
※売り切れ次第閉店　休 水曜休
P無　イートイン不可
(2Fに食事処あり)
MAP_P100・3

発酵バターをたっぷり使用し
さっくり仕上げたクロワッサン

¥160-

新町北大路
さざなみ BAKERY

……

温もり溢れるパン屋さん

商店街に現れる青い扉の向こうにはキュートな店内ディスプレイ。並ぶのは添加物を極力使わずに作った小麦の甘さを味わえるパン。価格帯も100～200円台と良心的。

さざなみベーカリー
京都市北区小山下初音町52
☎ 075-354-6473
🕐 10:00～18:00
土曜は17:00
㊡ 日曜休※年末年始は休
P無　イートイン不可
MAP_P100・3

大徳寺前
紫野和久傳
大徳寺店

……

疲れたカラダにつるん！

有名料亭［和久傳］のおもたせ専門店が提供する「西湖(せいこ)」は、れんこんのデンプンと和三盆糖で作ったつるんとした餅を笹で包んだ一品。やさしい甘さが疲れた体を癒してくれる。

¥270-

ひんやりとした
口当たりも魅力
※竹籠入りは3294円
（10本入り）

むらさきのわくでんだいとくじてん
京都市北区紫野雲林院町28
☎ 075-495-6161
🕐 10:00～17:00
㊡ 木曜休　P無　イートイン不可
（2Fに蕎麦と料理の店
［五-いつつ］あり）
MAP_P101・4

お日さまを浴びて
ちょっぴり
ハイキング
船岡山エリア

紫野にある船岡山。標高は約100mほどの低山ながら、頂上付近からは市内を一望できる。道も整備されているのでハイキングにぴったり。

《 Picnic Memo 》
ちょっぴり
ハイキングメモ

① 頂上は広い公園。日射しを遮るものがないので帽子はマスト。

② 低山といえども、飲み物はいつもよりも少し多めに持って行こう。

③ 隣接する建勲神社も歩くと楽しい。往復のルートを変えてみよう。

北大路堀川
garnish

……

子連れに人気の
デリカテッセン

お客の多くが子連れのママというフレンチ惣菜の人気店。彩りも鮮やかなメニューが約30種並ぶ。地元の野菜をふんだんに使い、ソースなどもすべて手作りというのもママにはうれしいポイント。

ガーニッシュ
京都市北区紫野西御所田町33-2
☎ 075-492-2512
🕐 11:00～20:00
㊡ 火曜、月1回水曜休
P無　イートイン可
12:00～13:30、
17:00～20:00
MAP_P100・3

モッツァレラ・トマト・
ナスのマリネ
生ハムのヴィネグレット

¥470-

紫野
雨の日も 風の日も

……

生地が主役の個性派パン

有名ホテルなどでキャリアを積んだ店主が、「自分にしか作れないものを」と実直にパンを焼く。昔懐かしい「たまごパン」には、卵たっぷりのブリオッシュ生地に卵白とアーモンドパウダーのマカロンをトッピング。

あめのひもかぜのひも
京都市北区紫野東野町6
☎ 075-432-7352
🕐 8:00～19:00
㊡ 火曜休※12/31～1/3は休
P無　イートイン不可
MAP_P101・4

中には自家製の
カスタードクリームが
入っている

¥160-

ローストビーフのサラダ。
自家製のドレッシングを添えて

¥680-

01 DICE CAFE

**気ままな猫に癒される
思わず長居してしまう心地よさ**

広々としたソファ席の他に、サンルームやロフト席がある店内では、猫たちがひょこっと顔を出して挨拶に来てくれる。のんびり過ごせるカフェでは、[Unir]のコーヒーや、チーズケーキとベリーのパフェなどで午後のひと時を過ごすのも良いし、日替わりのプレートでランチタイムにお腹を満たすのも良い。

Shop Data
▶ 西院／阪急西院駅から徒歩約7分
ダイスカフェ
京都市右京区西院久田町26-2
☎ 075-203-7043　⊙ 11:00～21:00
㊡ 水曜休　禁煙席有　P無
http://dice-cafe.sakura.ne.jp/

MAP_P103・6

MEMO 猫のクラッカーがちょこんとのっていてかわいい！エッグベネディクト800円。アボカドサーモンか生ハムクリームチーズが選べるけれど、+50円でハーフ＆ハーフにできる

---

02 焼きたてぱんの店 Clover

**噛むほどに香りが広がる
自家製パンがずらりん**

店内には100種類以上あるという美味しそうなパンが並ぶ。どんどん種類が増えていったのは、ご主人がお客さんの声に応えたいという気持ちからだそう。サイズも値段もかわいくて、ついたくさん買ってしまいたくなる。卵やバターを使わないお菓子も充実していて、アレルギーがある子どもの強い味方。

Shop Data
▶ 室町二条／地下鉄丸太町駅から徒歩約5分
やきたてぱんのみせクローバー
京都市中京区室町通二条上ル冷泉町
☎ 075-212-5766　⊙ 7:30～18:30
㊡ 土・日曜、祝日休　イートイン不可　P無

MAP_P105・8

MEMO 白ぱんの中にチョコレートクリームがたっぷり入ったおばけちゃん、板チョコを巻き込んだカピパラ、クッキー生地をかけて香ばしく焼いたもむしくんはすべて130円

cute animal menu column 3

かわいい動物メニュー

見た瞬間に「かわいい！」と、キッズが喜ぶ顔が思い浮かぶメニューや一品を大紹介

croak croak

03 本輪菓 京都本店

**防腐剤、保存料など
一切使用しない自然派ドーナツ**

体にやさしいネイチャードーナツと和風スイーツの専門店。北海道産の小麦と大豆の無調整豆乳を使ってお店で一つひとつ手づくり。定番ドーナツ以外にも、季節ならではのドーナツが並んでいる。卵を使わない豆乳プリンに北海道の粒あんをのせた、ちょっと贅沢なオリジナルパフェは690円。

Shop Data

▶新京極四条／阪急河原町駅から徒歩約2分

ほんわかきょうとほんてん
京都市中京区新京極通四条上ル中之町565
☎ 075-256-8778
営 11：00～21：00（LO／20：00）
休 不定休　全席禁煙　P無
http://www.nature-doughnuts.jp/

MAP_P105・8

MEMO ネコやカエルをかたどったキュートなどうぶつドーナツは京都本店の限定商品。手土産にすれば、喜ばれること間違いなしの、かわいさ満点ドーナツ。どこから食べるか、迷いそう！

cheep cheep

04 パティスリー ル・フルティエ MOMOテラス店

**お土産にぴったり！
個性溢れるお楽しみスイーツ**

精華町にある人気パティスリーの2号店。TVでも紹介された6層仕立てのチョコレートケーキをはじめ、旬の果実を使ったケーキなど、「見て楽しんで、味わって喜べる」を目指す宮脇シェフのこだわりが詰まっている。完熟桃の丸ごとピーチやたっぷりいちごのバスケットなど、見た目もインパクト大！

Shop Data

▶伏見桃山／地下鉄六地蔵駅から徒歩約5分

パティスリールフルティエモモテラステン
京都市伏見区桃山町山ノ下32 MOMOテラス1F
☎ 075-601-7090　営 10：00～21：00
休 不定休　全席禁煙　P有
http://www.le-fruitier.jp/

MAP_P104・7

MEMO 見た目も可愛いパッションソースとヨーグルトムースのぴよよ420円。滑らかなモンブラン420円、6層をチョコでコーティングしたショコラdeショコラ420円なども人気

多賀産の野菜や［原養鶏所］の新鮮卵、東近江のお米「みどり豊」など地産の良質素材を使用。卵3個を使った半熟フルフルのオムレツ1058円は自家製デミグラスソースとの相性抜群！

Kitchen RIZUKI

キッチンリヅキ　［彦根／JR彦根駅から徒歩約25分］

▶Family Happy Point

□ 座敷(小上がり)席	□ 個室	☑ 子ども食器	□ 子ども椅子
□ キッズメニュー	□ キッズスペース	□ 絵本・おもちゃ	☑ 駐車場(8台)

ナイフ入れがドキドキする
フルフル卵のオムライス

オーナーシェフの緒方さんがイタリアンやフレンチで14年ほど腕を振るった経験を活かして、2014年10月に独立。白壁にダークブラウンのコントラストが美しいスタイリッシュな空間にはカウンター8席、テーブル6席、掘り炬燵12席。ファミリーでも気軽に、滋賀の恵みを本格洋食で楽しめる貴重な一軒。

▶**Data**

彦根市後三条町488-4　☎0749-47-5576　営11:30～14:30(LO／14:00)　18:00～22:00(フードLO／21:00、ドリンクLO／21:30)　㊡火曜休　時間により禁煙(11:30～14:30)　http://rizuki.com/

MAP_P106・9

Happy! Yummy! Restaurant
SHIGA

Yummy!
Spoon Life On Works
スプーンライフオンワークス
[大津／JR膳所駅から徒歩約9分]

▶Family Happy Point

□座敷(小上がり)席	□個室	□子ども食器	□子ども椅子
□キッズメニュー	□キッズスペース	□絵本・おもちゃ	■駐車場

※駐車場はPARCO駐車場を利用

紅茶アイス＆ソースを添えたアップルシナモンフレンチトースト550円や、ヤキドーナッツ350円。また、自家製フォンダンショコラなど、スイーツにもこだわりあり

陽だまりの空間で
香り高い紅茶とスイーツを

手描きTシャツで知られる[音]が手掛けるカフェ。大きな窓から光が射し込み、観葉植物が置かれた空間は居心地抜群で、ついつい長居してしまいそう。最高級のスリランカ産茶葉のみを使用したムレスナ紅茶が豊富で、約80種類ものフレーバーが揃う。ホットティー 550円をオーダーすればおかわり自由！

▶Data
大津市打出浜14-30 大津パルコサテライト3F ☎077-527-7156 営10:00〜19:00 (LO／18:00) 休火曜休 全席禁煙
MAP_P107・10

ドイツレストラン
ヴュルツブルク
ドイツレストランヴュルツブルク [膳所／京阪錦駅から徒歩約10分]

▶Family Happy Point

□座敷(小上がり)席	□個室	■子ども食器	■子ども椅子
■キッズメニュー	□キッズスペース	□絵本・おもちゃ	■駐車場

※飲食利用でサンシャインビーチ公営駐車場3時間無料

湖畔から望む最高の眺めと
本場ドイツ料理を楽しもう

ベテランシェフが披露する特製ソーセージや肉料理など現地の味を、直送地ビールと共に楽しめるドイツレストラン。特徴的な外観の建物は、大津市の姉妹都市であるヴュルツブルクから寄贈された伝統的古民家で異国情緒満点。昼夜ともにコース、アラカルト、キッズメニューあり。ランチセットは1404円〜。

とっても美味しいです！

ペット同伴OKのテラスからは琵琶湖を一望。天気がよければ琵琶湖大橋まで見渡すことができる。外観だけでなく店内のテーブルやイスもドイツ製のかわいいデザイン

▶Data
大津市由美浜5 ☎077-526-3500 営11:00〜15:30 (LO／14:30) 17:00〜22:00 (LO／21:30) 休不定休 全席禁煙(テラス席のみ喫煙可) http://www.biwa.ne.jp/wurzburg/
MAP_P107・10

zoo

ズウ ［大津京／京阪近江神宮前駅から徒歩約10分］

▶Family Happy Point

| ☑座敷(小上がり)席 | ☐個室 | ☑子ども食器 | ☐子ども椅子 |
| ☑キッズメニュー | ☐キッズスペース | ☑絵本・おもちゃ | ☑駐車場(3台) |

親子でくつろいで下さいね

和の美味しさにこだわった からだにやさしい家庭料理を

閑静な住宅街にひっそりと佇むおばんざいのお店。京都で30年腕を振るったシェフの飴野さんのポリシーは、素材の色・形まで活かした目で美味しさを感じられる料理。一見洋風でも和のテイストを忘れない深い味わいが特徴で、ソースやドレッシングもすべて手作り。夜は3240円からのコースのみで要予約。

ランチ980円〜は月替わりで卵・鶏・牛・豚・海鮮の5種類が登場。ミニおばんざい3種、ごはん、香の物、味噌汁、サラダ付き。デザートが付いたお子様プレートランチは700円

Data

大津市二本松10-15 ☎077-522-7718
営 11:00〜15:00(LO／14:30)、18:00〜22:00(LO／21:30)※ランチは4人以上の場合は予約がベター、夜は前日までに要予約 休 火・水曜休 全席禁煙
http://www.zoozoo.jp/
MAP_P107・10

Café 森の木

カフェもりのき ［安曇川／JR安曇川駅から徒歩約12分］

▶Family Happy Point

| ☐座敷(小上がり)席 | ☑個室 | ☑子ども食器 | ☑子ども椅子 |
| ☑キッズメニュー | ☑キッズスペース | ☑絵本・おもちゃ | ☑駐車場(6台) |

新鮮野菜を家族揃って花と緑の中でいただく

調理師のご主人と栄養士の奥さんが提供してくれるのは、野菜たっぷりのヘルシーランチ。絵本とおもちゃが並んだキッズスペースや300坪もあるドッグランなどを備え、ワンちゃんも一緒にみんなでゆっくり過ごしたいファミリーにぴったり。彩り豊かで目でも楽しめる森の木ランチはドリンクが付いて1100円。

花と緑に囲まれた庭を眺めながらテラス席に座っていただくランチは格別。地元で採れるみずみずしい野菜をサラダだけでなくメインにもふんだんに使用。旬の味を堪能して

Data

高島市安曇川町西万木1070-1 ☎0740-32-3124 営 11:00〜16:00 ランチ〜14:00 休 日・月曜、祝日休(土曜不定休) 全席禁煙(テラス席のみ喫煙可)
facebook ／ Cafe 森の木で検索
MAP_P106・9

ランチのプレートは平日限定の提供で1380円。彩りが美しいプレートは、たくさんの料理が少しずつ食べられてうれしい！野菜が中心のヘルシーな献立も魅力的

Data
大津市別保2丁目8-35 ☎077-533-0775 ⓐ 10:00〜18:00(LO／17:30) ㊡水曜休　全席禁煙
MAP_P107・10

緑に囲まれた空間はまるで植物園のよう

プラントハンターの西畠清順氏と滋賀の[高栄ホーム]のコラボレーションから生まれたカフェは、全面ガラス貼りで解放感抜群。世界各国の珍しい樹木や植物といった緑を眺めながら、落ち着いた雰囲気の中で食事が楽しめる。まったりソファ席や絵本やDVDがたくさん置かれたキッズコーナーなど時間を忘れてしまいそう。

家カフェ＋Garden

いえカフェプラスガーデン　[石山／JR石山駅から徒歩約10分]

▶Family Happy Point

☐座敷(小上がり)席	☐個室	☑子ども食器	☑子ども椅子
☐キッズメニュー	☑キッズスペース	☑絵本・おもちゃ	☑駐車場(19台)

うさみみ茶房

うさみみさぼう　[甲南／JR甲南駅から徒歩約4分]

▶Family Happy Point

☑座敷(小上がり)席	☐個室	☑子ども食器	☐子ども椅子
☑キッズメニュー	☐キッズスペース	☑絵本・おもちゃ	☑駐車場(3台)

ほっこりできる古民家で
野菜たっぷりのお昼ごはん

金・土曜日のランチタイムのみ営業している週末限定カフェ。懐かしい古民家をリノベーションした空間は、まるで田舎のおばあちゃんの家に帰ってきたかのよう。地産の無農薬野菜を使い店主の街道さんが魅了されたという料理法「重ね煮」でコトコトと煮た一品は野菜の旨みがぎゅっと凝縮されていて美味。

Data
甲賀市甲南町深川1982 ☎090-7485-9034 ⓐ 11:00〜14:00(完全予約制) ㊡金・土曜のみ営業※木曜正午までに要予約　全席禁煙
MAP_P107・10

店主が自ら育てた玄米や味噌汁、デザートまで付いた季節の野菜のお昼ごはん1200円は、噛むほどに野菜の旨みが溢れ出す。キッズメニューは玄米おにぎりと汁ものがセットで600円

UPPER SECRET

アッパーシークレット　[湖南／JR甲西駅から徒歩約8分]

▶Family Happy Point

□ 座敷(小上がり)席	□ 個室	☑ 子ども食器	☑ 子ども椅子
☑ キッズメニュー	□ キッズスペース	□ 絵本・おもちゃ	☑ 駐車場

みんなが一度は憧れを抱く
アメリカの邸宅みたいなお店

白い壁にたくさんの陽光が射し込む店内、海外ドラマやインテリアの雑誌で見たことのあるおしゃれな空間が広がる。店主がアメリカで過ごした大切なひと時の思い出をカタチにしたという店内に訪れると、きっと新しい出合いが待っているはず。カフェやランチはもちろん、アイシングクッキー教室なども開催。

▶Data

湖南市平松北3-55 ☎0748-60-5077
営 9:00～17:30 (LO／17:00)
休 火曜休 (祝日の場合は翌日)　全席禁煙 (テラス席のみ喫煙可)
MAP_P107・10

スパイシーさがクセになる、インディアンチキンカレー1250円。優雅な気分に浸れるアフタヌーンティーセットは1名1800円 (オーダーは2名からで1日5組限定・要予約)

Happy!

cafe ネンリン

カフェネンリン　[湖南市／JR石部駅から車で約13分]

▶Family Happy Point

□ 座敷(小上がり)席	□ 個室	☑ 子ども食器	□ 子ども椅子
☑ キッズメニュー	□ キッズスペース	☑ 絵本・おもちゃ	☑ 駐車場(15台)

※キッズメニューは予約制

四季折々の野菜たっぷり
素材こだわるスローカフェ

自然を感じながら素材に追求したメニューが楽しめるスローカフェ。焙煎家と何度も打ち合わせを重ねたという豆を使用している。四季折々の野菜をたっぷり盛り込んだ月替わりのランチプレートをはじめ、スパイスからこだわったインドカレーのセット、天然酵母のパンやドーナツ、スコーンが味わえる。

▶Data

湖南市菩提寺西6丁目1-29 ☎0748-74-2667　営 11:00～17:00
休 土～火曜休 (他不定休有)※2016年4月は休業、5月より営業予定※12月20日～1月6日は休　全席禁煙 (外に喫煙スペース有)
http://cafenenrin.tumblr.com/
MAP_P107・10

おでかけ大好き！

琵琶湖の葦を使用した葦葺きの半円形といった個性的な外観。2016年4月中は店主が出産のためお休み。5月中旬頃から再開予定なのでFB、ブログでチェック

Happy! Yummy! Restaurant
SHIGA

古株牧場（湖華舞）
こかぶぼくじょう（こかぶ）　［竜王町／JR篠原駅から車で約20分］

▶Family Happy Point
□座敷(小上がり)席　□個室　■子ども食器　□子ども椅子
□キッズメニュー　□キッズスペース　□絵本・おもちゃ　■駐車場(30台)

一度食べたら忘れられない
魅惑のチーズを体験しよう

店主の古株つや子さんがヨーロッパで出合った理想のナチュラルチーズを再現すべく、試行錯誤の末に生まれた「つやこフロマージュ」。酸味のあるフレッシュからトロトロのクリーミーな状態まで熟成ごとの味わいが楽しめる。食事も楽しめ、自家製チーズのキッシュセット800円やピザセット950円はサラダとドリンク付き。

つやこフロマージュ 800円は冷蔵庫で保存していても熟成され取り出すたびに風味が増す。いまや滋賀県内のレストランだけでなくJALファーストクラスの機内食にも使われるほど

▶Data
蒲生郡竜王町大字小口字不動前1183-1
☎0748-58-2040　営10：30～18：00 (LO／17：30)※冬期は～17：00 (LO／16：30)　休水曜休　全席禁煙(喫煙スペース有)
http://www.kokabu.co.jp/
MAP_P107・10

野菜のごはんと暮らしの店
でこ姉妹舎
やさいのごはんとくらしのみせでこしまいしゃ　［八日市／近江鉄道八日市駅から徒歩約10分］

▶Family Happy Point
□座敷(小上がり)席　□個室　□子ども食器　□子ども椅子
□キッズメニュー　□キッズスペース　□絵本・おもちゃ　□駐車場

"食べることは生きること"
カラダが喜ぶしあわせごはん

京都から八日市にお引っ越ししたこちらでは、オーガニックコーヒーや完全菜食のごはんなどを味わえる。カラダや環境にやさしい暮らしを提案して、地元の無農薬野菜や廃食油からつくったリサイクル石けんなども販売している。大地のめぐみをたっぷりといただいて、暮らしのことを少し考えてみよう。

▶Data
東近江市八日市上之町8-28　☎無
営11：00～18：00 (ランチは～15：00)　休日・月曜休　全席禁煙
http://dekosimaisha.shiga-saku.net/
MAP_P107・10

でこ定食1080円、野菜のパワーに驚かされるはず。日替わりのおかず6品とスープ、雑穀入り寝かせ玄米ごはん、漬け物付き。野菜は生産者から直接届けられる

シャポーン鶏のしゃぶしゃぶ1400円は一人前から注文OK。黒胡椒とニンニクが利いた鶏ももの山賊焼800円。薬味やお茶漬けで3度美味しい名物のシャポーン鶏のひつまぶし1420円

Data
守山市守山2丁目2-55 ☎077-514-1778
営9：30〜22：00（LO／21：30）休月曜休　時間により禁煙（9：30〜17：00）
http://katataya.com/
MAP_P107・10

古民家ダイニングで味わうシャポーン鶏のひつまぶし

国内では鹿児島県の農家一軒のみで飼育されているシャポーン鹿児島鶏。本場のフランスでも高級品として扱われ、和牛の旨さにも匹敵する評価を受けている。そんな幻の高級鶏を古民家の雰囲気で味わうことができる。土壁や虫籠窓が残る築180年の茶屋を改修した空間も子どもに体験させてあげたい。

門前茶屋 かたたや
もんぜんちゃやかたたや
［守山／JR守山駅から徒歩15分］

▶Family Happy Point

□座敷(小上がり)席	☑個室	□子ども食器	□子ども椅子
□キッズメニュー	□キッズスペース	□絵本・おもちゃ	☑駐車場

café NICO
カフェニコ　［近江八幡／JR近江八幡駅から車で約7分］

▶Family Happy Point

☑座敷(小上がり)席	□個室	□子ども食器	□子ども椅子
☑キッズメニュー	□キッズスペース	☑絵本・おもちゃ	☑駐車場(9台)

※絵本のみ、おもちゃはなし

手作り創作ランチと一緒に
焼き立てワッフルはいかが

地元の野菜を使ったランチを兄が、季節のスイーツを妹が担当する兄妹で営むカフェ。ごはんの上にのった目玉焼きやチリソースが食欲をそそるニコライスにサラダとドリンクがついたランチセットは1080円。＋540円でワッフルも付けられて大満足。店内に並んだ絵本を読みながら親子でゆっくり過ごしたい。

人気のキャラクターや似顔絵をケーキに描いてくれるサービスに子どもは大喜び。予約をすればお子様ランチ750円もオーダーできる。ファミリーには掘りごたつ席がおすすめ

Data
近江八幡市多賀町579-2 ☎0748-47-7325 営11：00〜21：00(LO／20：30)、ランチ11：30〜14：30、ディナー17：00〜　月曜休〜17：00　休日曜休（月曜が祝日の場合は火曜休）　全席禁煙
http://cafe-nico-oumihachiman.jimdo.com/
MAP_P106・9

レストラン岡﨑

レストランおかざき ［日野／近江鉄道日野駅から車で約8分］

▶Family Happy Point

☐ 座敷(小上がり)席	☑ 個室	☑ 子ども食器	☑ 子ども椅子
☐ キッズメニュー	☐ キッズスペース	☐ 絵本・おもちゃ	☑ 駐車場(30台)

滋賀県が誇るブランド牛の美味なるハンバーグ

滋賀が誇るブランド牛「近江日野牛」を飼育する[岡崎牧場]直営のレストラン。陶板焼きやしゃぶしゃぶをはじめステーキやアラカルトなど多彩なメニューを味わうことができる。日野牛と蔵尾ポークの合挽きミンチを使った自家製ハンバーグステーキ1296円は＋540円でスープとサラダ、ライスまたはパンがセットに。

▶Data

蒲生郡日野町河原2-11　☎0748-52-3232　㊋11：00～15：00（LO／14：30）、17：00～21：00（LO／20：30）　㊡月曜休（祝日の場合は翌日）全席禁煙
http://www.beef.co.jp/
MAP_P107・10

近江日野牛は厳選した仔牛を36ヶ月以上長期肥育し、品評会で最優秀賞を受賞している。キッズメニューはハンバーグプレートとカレープレートの2種からメインが選べて864円

うどんの花里

うどんのはなさと ［高島／JR新旭駅から車で約10分］

▶Family Happy Point

☐ 座敷(小上がり)席	☐ 個室	☑ 子ども食器	☐ 子ども椅子
☐ キッズメニュー	☐ キッズスペース	☐ 絵本・おもちゃ	☑ 駐車場(3台)

高島の伏流水が引き出した香りが引き立つ讃岐うどん

自然素材を活かしたセルフサービスの讃岐うどん専門店。一人で切り盛りする店主がうどんの味を決める水にこだわり抜いた末、たどり着いたのが高島の地だったそう。つるつるとしたのど越しの自家製の手打ちうどんは、比良山系からの伏流水と独自ブレンドの国産小麦を使用。手打ちならではのコシも楽しめる。

Happy!

▶Data

高島市新旭町深溝1435　☎050-3610-4179　㊋11：30～15：00　㊡月・火曜休　禁煙席有
http://hanasato.main.jp/
MAP_P106・9

小麦粉は伸びの良い三重県産「あやひかり」と香りの良い香川県産「石臼挽きのさぬきの夢」を独自の割合でブレンド。しっかりしたコシと滑らかなのど越しが特徴のぶっかけうどん450円

01 スコップ・アンド・ホー

自然の農法にこだわった美味しい野菜が自慢

[同志社有機農業塾]で無農薬有機農業を学んだ店主が、仲間と大原で畑をしながら、有機農法や炭素循環農法、自然農で育てられた野菜を扱う。開放的なガラス貼りの店頭には新鮮な野菜が常時20〜30種並んでいる。併設のカフェでは季節のジュースやコーヒー、こだわり素材のケーキなどを用意。

MEMO 採れたて新鮮な大原のオーガニック野菜だけではなく、全国から取り寄せた美味しい食材、手仕事の生活雑貨等もホームページから購入可能。黒壁のシックな外観もおしゃれ

Shop Data
北白川／叡電元田中駅から徒歩約15分
スコップアンドホー
京都市左京区北白川別当町13
☎ 090-9543-4044
⊕ 11：00〜18：00
㊡ 無休　P無
http://www.schophoe.com/

MAP_P100・3

03 やおや ONE DROP

02 アスカ有機農園

column 4 healthy vegetables
野菜から元気をもらおう

お店の人との会話も楽しい八百屋さん。
新鮮で美味しい野菜をたくさん食べよう

03 スコップ・アンド・ホー

02 アスカ有機農園

コンセプトは"安心"のファーマーズマーケット

静かな住宅街の中にある赤色のテントが目印。京都近郊の有機栽培や無農薬野菜を中心としながら、全国からも旬な野菜を取り揃えている。お店のコンセプトは「うちの子に安心して食べさせられるもの」で、野菜のほか無添加パンや自然食品、石けんやオーガニックワインまで購入することができる。

MEMO 京都丹波・亀岡盆地で育てたコシヒカリや特別栽培米「霧の米」などこだわったお米も扱う。畑や田んぼで田植えや稲刈りなどを体験する産地交流のイベントも毎年開催

Shop Data
梅津／阪急松尾大社駅から徒歩約12分
アスカゆうきのうえん
京都市右京区梅津尻溝町61-1
☎ 075-873-2110
⊕ 10：00〜19：00
土曜10：00〜17：00
㊡ 日曜、祝日休　P2台
https://m.facebook.com/asukafarm/

MAP_P101・4

03 やおや ONE DROP

四季を感じる産地直送の個性豊かな野菜たち

店内に一歩踏み入れると生産者の想いが伝わってくるようなイキイキとした野菜がずらりと並ぶ。季節ごとの豊かな恵みと職人魂をもつ生産者の手から生まれる素晴らしい野菜たち。それを食卓に届けたいと店主が全国を訪ね歩いて見つけた野菜はすべてに産地と栽培農園の解説が添えられている。

MEMO 京都近郊の生産者から農薬や化学肥料を使わない野菜のみを仕入れ、ガレージで売り始めたのが約10年前。野菜で季節を感じることができるお店は、子どもと一緒に行くのも楽しい

Shop Data
北山／地下鉄北大路駅から徒歩約7分
やおやワンドロップ
京都市北区小山初音町26
☎ 075-493-5612
営 10：30〜19：00
休 日曜休　P無
http://onedrop-vege.net/

MAP_P100・3

 05 やおや もあもあ

04 マルシェ ノグチ

05 やおや もあもあ

プロフェッショナル厳選の旬で美味しい野菜の魅力を

大映通り商店街の太秦マーケットの一角にある、こぢんまりとした八百屋さん。ホテルやレストランに野菜を卸していた店主が、四季ごとの美味しい野菜の魅力を伝えたいという想いからオープン。店頭には太秦近郊で採れた野菜など約50種類が並び、皮を剥いてすぐ料理に使えるタマネギなどの珍しい商品も。

MEMO 太秦の畑で育てた青山さんのキャベツは、大きいのに味がしっかりしていて甘さと柔らかさが自慢。京都以外にも熊本産や高知産など、色とりどりの国産野菜が豊富に揃っている

Shop Data
太秦／嵐電帷子ノ辻駅から徒歩約6分
やおやもあもあ
京都市右京区太秦多藪町14 太秦マーケット内
☎ 090-5122-3115　営 10：30〜18：30
休 水・日曜、祝日休　P無

MAP_P103・6

04 マルシェ ノグチ

オーガニックにこだわった野菜でしあわせを届けたい

オーガニックで育てられた野菜が全国から集まり店頭を色鮮やかに彩る。新鮮な食材を求める料理人などもよく訪れるのだとか。木箱や荷車でおしゃれに盛られた野菜や果物の中には、市場に出回りにくい珍しい西洋野菜の姿もちらほら。マルシェなどのイベント出店や食育講座なども開催している。

MEMO 入口に設けられた木製のスロープは、ベビーカーを押すママさんや高齢のお客さんへの心遣いを感じる。宅配は7〜8種で2000円〜と気軽にオーダーしやすい価格設定

Shop Data
二条駅／地下鉄二条駅から徒歩約5分
マルシェノグチ
京都市中京区西ノ京職司町1-3
☎ 075-432-7243　営 10：00〜19：00
休 不定休　P無　http://www.maruche-noguchi.jp/

MAP_P103・6

子どもと行けるお店、家族での週末おでかけスポットなどをたくさん紹介。
ママのための京都・滋賀の情報誌『ママリーフ』好評発売中！

定価本体／924 円＋税

お求めはお近くの書店、弊社 web サイト、インターネット書店にて

Beauty

Dentistry

Education & Nursery

ママやキッズに嬉しい＆
役立つ情報がたくさん

i Family Happy

Information

家族の成長に寄り添う 居心地の良い美容室

1. リニューアルしたばかりのシャンプー椅子は、座り心地が異なる4種がスタンバイ **2.** キッズルーム内のミラーはテレビを内蔵しており子どもも大喜び **3.** キッズルーム内に新たに加わったベビーベッド **4.** 店内はベビーカーや車椅子の人に嬉しいバリアフリー

Point 01
大切な日の
おめかしは盛大に！

成人式や七五三などの着物の着付けに、本格的な新和装髪もOK。小さな子どもにも、似合うスタイルを丁寧に対応してくれる。茶道など日本文化にも精通したスタッフに任せて

Point 02
フェミニンな
スタイルもおまかせ

外国人のようなウェット感のあるウェーブなど、女性らしいスタイリングも得意。流行のスタイルを求める近隣の女子大生からも人気だそう

Point 03
親子仲良く
クロスに包まれて

子どもや孫を抱きながらカットなどが受けられる、親子クロス。小さな子ども連れの時や「お母さんから離れたくない！」とぐずついた時にも重宝しそう

You look good with long hair.

hair stage O2
（ヘア ステージ オーツー）
紫野／市バス紫野泉堂町停から徒歩1分

ナチュラルなインテリアが心地よいこちらの人気の秘訣は、キッズスペースを備えた完全予約制の個室。ママのパーマ中など、おもちゃやテレビで子ども達を楽しませてくれるだけではなく、子どもが騒いでも他の人の目が気にならないのが嬉しい。着付けや和装髪のセットも可能なので、七五三や成人式など大切な行事にもオススメ。「子どもが大人になるまでの成長を見届けるようなサロンでありたい」というオーナーの想いのもと、スタッフのサービスもあたたかく細やかなので末永く愛用できそう。

≫Shop Data
京都市北区紫野西泉堂町6-3
エスポワール紫野1F
☎ 075-494-1201
営 10：00～19：00（縮毛矯正受付／～16：30、パーマ・カラー受付／～18：00）
日曜9：00～18：00（縮毛矯正受付／～15：30、パーマ・カラー受付／～17：00）
休 第3火曜　予約優先制　P4台
http://hairstage-o2.com/

More! こんなこともできます！
☑ 親子で貸切できる個室有り
☑ 成人式などの着付けもOK
☑ バリアフリーに配慮

Menu List
・ベーシックカット（シャンプー・ドライ込）…4500円
・チャイルドカット（小学生以下）…3000円
・ヘッドスパフルコース（40分）…5000円
・ベーシックカラー…6000円〜・コスメカール…8000円〜
※ベーシックカラー、コスメカールでカット・ブロー追加の場合は+4500円

MAP_P101・4

Beauty
ママとキッズの笑顔をつくる
遊びに行きたくなるサロン

KUN KUN LU HO
（クン クン ルー ホー）
堺町六角／地下鉄四条駅・阪急烏丸駅から徒歩6分

「ママにもキレイになってもらいたい」と様々なサービスを用意して迎える、25年以上続く実力派ヘアサロン。子どもと一緒にカットできる個室スペースでは、DVDを見たりおもちゃで遊んだりできるので、リラックスして過ごせる。4Fのプレイルームで保育士に見てもらうことも可能。保育料は無料だけど、利用後は難病の子を支援する「メイク・ア・ウィッシュ・オブ・ジャパン」へ心ばかりの寄付金を。また、カラーの待ち時間にハンドのオイルマッサージなど併用できるのも嬉しい。

More! こんなこともできます！
- ☑ ジェルネイルもOK
- ☑ プライベートのアロマサロン併設
- ☑ 癒しのスパメニューも豊富

Menu List
・カット…5940円〜
・キッズカット…3780円
・カラー…6480円〜
・パーマ…6480円〜
・着付け…5400円〜
・ウォータースパ…3780円

》Shop Data
京都市中京区堺町通六角下ル甲屋町390-1 KKLHビル1〜4F
☎075-255-6026
⏰火曜9:00〜18:00（カット受付／17:00、パーマ・カラー受付／16:00）
水〜土曜11:00〜20:00（カット受付／19:00、パーマ・カラー受付／18:00）
日曜10:00〜19:00（カット受付／18:00、パーマ・カラー受付／17:00）
㊡月曜　予約優先制　P無
http://www.kklh.jp/

MAP_P105・8

1.ママと一緒だからリラックスできる。小さい子どもはママに抱っこしてもらいながらでもOK 2.ナチュラルな空間 3.1週間前に予約すれば、4Fのキッズルームで保育士が見てくれる（1歳以上、火〜土曜の11時から17時）

I wanna go again!

Point 01
ママがカット中も楽しく遊べてごきげん

ママ＆キッズのプライベートルーム。絵本やおもちゃがたくさんあるので子どもは退屈しないで待つことができる。0歳児から利用OK

Point 02
好きな衣装を選んで変身してみよう！

サービスポイントが溜まれば、格好よく＆かわいく変身して写真撮影も。ヒーローや人気キャラクター、お姫さまになれる衣装を多数用意

It's fun!!

Beauty

居心地のよい和空間で
月1回はママのキレイタイム

nailsalon 奈寿
（ネイルサロン ナージュ）
三条小川／地下鉄烏丸御池駅から徒歩7分

「いつも新しいデザインにしてくれる」「細かい部分まで丁寧に仕上げてくれる」「長持ちする」と好評。キッズスペースを用意し、スタッフがずっと見てくれるので子育て中のママもゆっくりと指先のおしゃれが楽しめる。子どもがぐずり出しても、完全予約制で貸し切りだから人目を気にしなくていいのも嬉しいポイント。子連れで来店できる日はブログに掲載しているのでチェックして。口コミで広まり、今や子連れの利用率が高いとか。約1ヶ月間持続できるというバイオジェルネイルでキレイをキープしよう。

More! こんなこともできます！
- ジェル付け替えはオフ代無料
- ネイルドリル不使用で丁寧にオフ
- 3回目までは25〜30% OFF

1. ママのお手入れ中はスタッフが傍で相手をしているのでキッズも楽しそう。DVDや絵本、おもちゃが豊富なのも嬉しい 2. 好みやライフスタイルに合わせたデザインを提案 3. 半個室のフットスペース。ベビーは抱っこしてもOK

Menu List
- ハンドバイオジェル10本（ケア付き）…6500円（税別）〜
 ※初回・2回目4500円（税別）〜、3回目5500円（税別）〜
 ※アート代別途
- フットバイオ（フットバス、ケア付き）…9000円（税別）
- ケアコース（ハンド）…1500円（税別）
- ケアコース（フット）…3000円（税別）

Point 01 初めてでもリラックス 気さくなネイリスト
「いつも明るく気さくに対応してくれる」と慕われる三奈さんと寿子さん。2人との施術中のおしゃべりがママにとって和みのひとときに

Point 02 オリジナリティ溢れるアートネイルに大満足
シンプルから個性派まで思いのまま。子どもの抱っこや水仕事など、手を使うことが多いママにぴったりのデザインに仕上げてくれる

>> Shop Data
京都市中京区小川通姉小路下ル西堂町496-4
エターナルコート三条101
☎ 075-241-3915
営 10：00〜19：00（最終受付）
休 水曜、不定休有
完全予約制 P無
http://www.nage-nail.net/

MAP_P105・8

67 Family Happy Information

Dentistry

産婦人科提携の歯科医院
女性と子どもの頼もしい味方

烏丸ビューティーデンタルクリニック
（からすまビューティーデンタルクリニック）
烏丸御池／地下鉄烏丸御池駅から徒歩5分

産婦人科・小児科医院の［足立病院］と提携し、妊産婦歯科、小児予防歯科に力を入れている。歯の病気にかかりやすいという妊産婦や、成長途中のキッズの歯を手厚くサポート。目立ちにくい矯正も人気で、治療中のストレスを軽減してくれると、見た目が気になる女性や子どもに喜ばれているのだとか。院内には診察台の傍にキッズルームがあるので、小さな子どもでもママの姿が見えるところで退屈せずに待っていられそう。また、［足立病院］の託児所を利用することもできる。

More! こんなこともできます！
- ☑ ［足立病院］の託児所利用OK (30分無料)
- ☑ 目立ちにくい矯正や審美歯科が充実
- ☑ 計画的な小児予防歯科で健康な歯に

Menu List
・検診、虫歯治療、フッ素コートなど保険診療一般
・歯列矯正…54万円～124万2000円
・小児フッ素…1300円

Shop Data
京都市中京区鍵屋町481-4 プチパレス烏丸御池1F
☎ 075-213-6474
⏰ 10:00～13:00、15:00～18:30
休 土曜午後、日曜・祝日
完全予約制　P有（契約）
http://www.karasuma-bdc.com/

MAP_P105・8

Your teeth are pretty, aren't you?

1. 子どもも安心して治療できる雰囲気　2. ママの傍で遊べるキッズルーム、子どもサイズの流しがあるので歯磨きの練習ができる　3. オムツ交換が楽々できる広いトイレなど、子育てママに嬉しい配慮が随所に表れている

Point 01　子どもの不安を減らす工夫がたくさん

壁に可愛いイラストが描かれた診察台。診察中にママが横に座ってあげることもできるので小さなキッズもリラックスして治療できる

Point 02　妊婦に嬉しいふんわりチェア

妊娠中の女性にも負担が少なく治療できるようにと導入されたチェア。ソファのようにやわらかく、幅広でゆったり腰掛けることが可能

Keep your teeth healthy and beauty.

How cute!

Dentistry

健康な歯は一生の宝物
子どものうちから正しいケアを

たけざわ歯科医院
（たけざわしかいいん）
円町／JR円町駅から徒歩8分

「大人になると顎の骨の成長が止まるので、子どものうちから治療する事が大事」と話すのは院長の竹澤先生。虫歯や歯並びといった一般的な歯科治療だけではなく、顎関節症などの原因となる歯の噛み合わせに注目し、子どもの頃からの疾患予防に最も力を入れている。昨年には、歯科医に向けた『こんな子 来たらどうするの？ー顎骨の成長発達を考えよう』（永末書店）を出版。日々の診療に役立てるよう症例を写真とイラストで視覚的に掲載し、未来の歯科医の育成にも一役買っている。

More! こんなこともできます！
- ☑ インプラントによる治療
- ☑ 顎関節症の予防
- ☑ 様々な症例に対する矯正治療

1. 正しいブラッシングの仕方や生活習慣の指導も行う 2. 頭蓋骨のシルエットまで見られるCTで、顎関節症など顎の歪みが一目瞭然に 3. 待合室との仕切りをなくして診察室に入るドキドキ感を和らげる工夫をしている

Menu List
・子ども矯正治療
・顎関節症予防
・ホワイトニング

≫ Shop Data
京都市中京区西ノ京小堀池町1 サンロード・朱雀1F
☎ 075-813-3215
営 9：30〜13：00（最終受付／12：00）、14：30〜18：30（最終受付／18：00）
休 水・日曜、祝日　予約優先制　P有（契約）
http://www.takezawa-shika.jp/

Point 01
憧れの白い歯を低価格で手に入れる

オフィスとホームを組み合わせ、計画的に通えるプログラムを組んでくれるホワイトニングが好評。ローコストでトライしやすい

Be white teeth!

Point 02
各分野の専門医が健康な歯を応援

カウンセリングスペースでしっかりと治療内容を説明。口にまつわるさまざまな悩みをサポートしてくれるので、気軽に相談しよう

MAP_P103・6

We support your teeth well!

Dentistry

体にやさしいメタルフリーで美しく健康な歯を手に入れる

西川デンタルクリニック
（にしかわデンタルクリニック）
富小路三条／地下鉄京都市役所前駅から徒歩7分

「痛みをおさえ、体にやさしい治療」をモットーに、歯の詰め物やかぶせ物に金属を使用しないメタルフリーを採用しているので、金属アレルギーの人にもおすすめ。予算に応じて幅広い材質から選べる。また、米国で審美歯科を学んだ西川院長によるホワイトニングは「しみないのが嬉しい」と患者から好評を得ている。子どもと入室できる完全個室だから、ママもきれいな白い歯を目指して通院しやすい。矯正専門医による月1回の子どもの無料相談会も開催しているので幼い内にきちんとケアを。

More! こんなこともできます！
- ☑ 予防・メンテナンスを重視
- ☑ 金属を使用しないメタルフリー
- ☑ 明るい笑顔に導くホワイトニング

Menu List
・メタルフリー治療…2万5000円（税別）〜
・ホワイトニング…1万5000円（税別）
※お得な回数券（or 割引制度）およびキャンペーンあり
・お子様の歯科矯正…30万円（税別）〜
※ニーズに合わせ、オーダーメイドの治療プランの提案も可能

≫ Shop Data
京都市中京区富小路通三条上ル福長町101 SACRA ANNEX 2F
☎ 075-223-5855
営 10：00〜13：00（最終受付／12：30）
14：30〜19：30（最終受付／19：00）
土曜10：00〜15：00（最終受付／14：30）
休 水・日曜、祝日　予約優先制　P有（契約）
http://www.nobu-dent.com/

MAP_P105・8

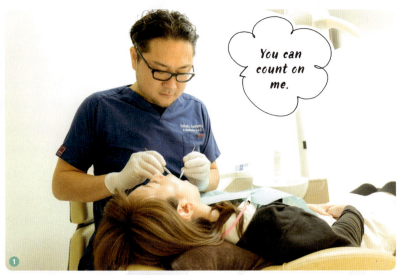

1. 明るい人柄の西川院長が緊張を解きほぐしてくれる。分かりやすく説明してもらいながら治療が受けられる
2. 女性スタッフがやさしい笑顔でお出迎え。初診でも心が和む　3. アクセス便利な街中にあるので通院しやすい

Point 01　痛くて諦めていた人も白く輝く歯に！

ホワイトニングは、これまで薬剤がしみるのが辛くて諦めていた人でも、少ない負担でツヤ感のある白い歯が期待できると喜ばれている

Point 02　落ち着く完全個室でママも安心して治療

個室なので子連れでも気を遣わず通院でき、お気に入りのおもちゃで遊ばせることもOK。待合室ではスタッフが絵本を読んでくれることも

Dentistry

口の中の健康美をサポート
子育てママに人気の歯科

さかなか歯科
桃山駅前クリニック
（さかなかしか）

伏見桃山／近鉄桃山御陵前駅・京阪伏見桃山駅から徒歩1分

虫歯を含む一般歯科はもちろん審美歯科にも対応。中でも子育てママにとってありがたいのは、キッズルームが備わっていること。安心して治療に専念できる上、乳歯のケアについても気軽に相談できるのが嬉しい。虫歯治療後や銀歯の代わりにセラミック素材を施すセレック治療は、自分の歯に合わせるので違和感のない自然な仕上がりになるのだとか。この治療だと当日に修復物を装着できるので、忙しいママに評判というのも納得できる。新しい医療に精通しているのも魅力的なポイント。

1. 虫歯がなくても定期的なクリーニングやフッ素塗布をすることで、予防になるのだとか 2. 明るい笑顔で接するスタッフ 3. クリニック内はバリアフリーになっているので、ベビーカーや車椅子でもスムーズに対応できる

More! こんなこともできます！
- ☑ 保育士のスタッフが常駐
- ☑ 笑気麻酔でリラックス
- ☑ セラミック素材を施すセレック治療

Menu List
・セラミックインレー…3万5000円（税別）
・セラミッククラウン…6万円（税別）
・オフィスホワイトニング…1万5000円（税別）
・ホームホワイトニング…3万円（税別）
・マウスピース矯正…15万円（税別）～
・小児矯正（顎顔面矯正治療法）…28万円（税別）～
・ガムピーリング…片顎5000円（税別）
・ガムピーリング…両顎8000円（税別）

Shop Data
京都市伏見区京町3-170-1 岸和田ビル4F
☎075-604-6488
営 9：30～13：00、15：00～19：30
土曜9：30～14：00
休 水曜午後、日曜、祝日　予約優先制　P無
http://www.sakanaka-dc.jp/

MAP_P104・7

Point 02 約1時間で変化を実感 ビヨンドホワイトニング

ビヨンドホワイトニングでは1回の治療でも白さを実感できるとか。歯茎の黒ずみを美しいピンク色にするガムピーリング5000円（税別）も用意

Point 01 ママの治療中は保育士と一緒に

キッズルームにはおもちゃや絵本などが用意してあり、待ち時間も楽しく過ごせる。保育士資格を持つスタッフが一緒に遊んでいてくれる

Education

ネイティブ感覚を幼いうちに楽しく英語を身につける

Brighten Kids International School
Zoo-phonics® Academy Kyoto School
（ブライトン キッズ インターナショナル スクール）
大宮／JR二条駅から徒歩9分

こちらでは、全米で英語教育に採用されている教授法「ズー・フォニックス」を用い、2歳から小学生までの英語力を「聞く」「話す」に加え、「読む」「書く」力も段階的に伸ばしていくそう。プリスクールクラスでは成長に合わせて音楽、算数、サイエンスなどのカリキュラムを英語で指導。幼稚園の代わりとして通うと、米国の小学校2年生修了レベルの算数の力が付くほどに。他にMom&Babyクラス、幼稚園児、小学生クラス、帰国子女向けのクラスも用意。まずは体験レッスンへ参加して。

- ☑ ベビーも保護者と一緒に参加OK
- ☑ 集団生活で就園準備をサポート
- ☑ バイリンガル育成コースも用意

Menu List
- Preschool(対象:1歳6ヶ月〜6歳)
 …3時間or5時間プログラム 2万6500円〜／月謝
- Kindergarten Class(対象:3歳〜6歳)
 …1時間55分 1万2960円／月謝
- Elementary Class(対象:小学1年生〜6年生)…55分 8640円／月謝
- Mom & Baby Class(対象:0歳〜2歳)…55分 6480円／月謝
※Preschoolクラスはスクールバス送迎あり

≫Shop Data
京都市中京区壬生坊城町36 壬生コーポ2F
☎ 075-803-3606
㊡ 日曜
http://www.zoo-phonics.jp/

MAP_P103・6

1.アルファベットの音と動物の特徴を示すボディシグナルを覚えて記憶力向上に 2.発表会などイベントも充実しオープンな雰囲気 3.アメリカ文化が学べる施設［Osaka English Village］への遠足では、高校生レベルの理科を楽しめる理解力を発揮

Point 01 読み書きもしっかり 真の国際人へ

小学生クラスでは読み書きも本格的に学習。レベル別なので未経験でも安心して。会話力や表現力を磨き、総合的な英語力を身につけよう

Point 02 無理なく習得 幼稚園児クラス

音を聞く、まねるが自然にできる10歳までに始めたい英語学習。週1回115分、「聞く・話す・読む・書く」を軸に総合的な英語力を育成する

Nursery

頑張るママを応援
「ちょっと一息」ができる場所

永和会保育園
ハニバーサルランド
（えいわかいほいくえん ハニバーサルランド）
西院／阪急京都線西院駅から徒歩1分

育児に頑張るママにリフレッシュできる時間を持ってほしい、という思いでオープンした保育施設。一時保育は趣味や通院、就職活動といった自分時間の充実に、月極は入園待機の期間中にと、ママの希望に応じた利用の仕方ができる。マンツーマンに近い丁寧な関わりは、まるで「もう一つのお家」。保育中の子どもの様子は書面にしてくれ、天気の良い日は外遊びもしてくれるなど、手厚い保育が魅力でリピーターが急増中だとか。隣接の歯科で診察中の保育は無料なので、気軽に利用したい。

More! こんなこともできます！
- ☑ 近所の公園へお散歩も
- ☑ 時間外の利用も相談OK
- ☑ 弁当やミルクの持参可能

西院駅より徒歩1分という好立地で、就活から趣味まで幅広い用途で利用でき、パパが迎えに来ることもあるそう。明るい雰囲気の園内には子どもが楽しめるおもちゃや絵本がたくさん。年齢に応じた遊びを満喫できる

Menu List
・最初の1時間…1000円 ※以降、30分ごとに＋500円
・延長…500円（30分）
・おやつ…100円（1回）※オプション
・おむつ…100円（1枚）※オプション
・月極保育…1万円（2歳児以上、週1回、5時間）〜7万5000円（0〜1歳児、週6日、9時間）
※例…1歳児・週4日7時間保育の場合、5万円

» Shop Data
京都市右京区西院東淳和院町1-1 アフレ西院3F
☎ 075-322-6520
営 9：00〜19：00 ※時間外保育応相談
休 日曜、祝日　完全予約制　P無
http://www.hanibasaruland.com/

Point 01 プロの保育士による手厚い保育で安心
全員が有資格者という信頼度抜群の保育士がじっくり関わってくれる。初めて預ける場合でも、やさしく丁寧に対応してくれるので安心

Point 02 治療中の保育でママの歯も大切に
隣接する[西院デンタルクリニック]に通院中の保育も受け付けている（利用料無料）。子育て中おろそかになりがちなママの歯をケア

Join us!

MAP_P103・6

着用アイテム／美海ちゃん
ベレー帽[FITH] 6372円〜、トップス[SWAP MEET MARKET] 5292円〜、ラクガキショップコート[DENIM DUNGAREE] 1万6092円〜、リバーシブルフレアスカート[miti] 7020円、スクエアポーチ[ta!tata] 3456円、デッキシューズ[victoria] 6048円〜

また来ようね

どこか懐かしい京町家で本物志向の子ども服に出合う

心和む空間で思う存分お買い物

築90年の京町家を改装した懐かしい雰囲気の「音 京都店」。国内のブランドを中心に着心地やデザイン、仕立てのよさにこだわった子ども服が並ぶ。中でも人気を集めているのが[DENIM DUNGAREE]。アメカジとクオリティの高さが好評。店内にはおもちゃや絵本が用意されたプレイスペースや、キッズの遊び場になっている坪庭もあるので、ママもパパもゆっくり我が子に合うアイテムが捜せる。

自社ブランド[ハレノヒ]や[HOSO]などベーシックだけど洒落たウエアが並ぶ2F。一段高くなっている床の間がフィッティングルームに

京都の作家によって作成された手描きTシャツ 3000円〜、手描きスニーカー 5000円。「はね」や「かすれ」など一枚一枚できあがりが異なる

吹き抜けになった開放感あふれる1F。大人顔負けのデザイン性の高いキッズウエアや小物、靴がインテリアの一部のようにディスプレイ

音 京都店
（おん きょうとてん）
北大路堀川

>> Shop Data
京都市北区紫野下鳥田町47　☎075・495・3788
営 10:00〜20:00　休 水曜　P有　http://www.wuta-won.com/

74

思わずテンションアップ
遊び心がある洗練された一着

着用アイテム／力さん
スプライトカトマンズシャツ［KAPITAL］1万4904円、デニムショップコート［KAPITAL］1万5984円、リンゴマンパンツ［KAPITAL］1万8144円、リンクルポパイブーツ［KAPITAL］5万9184円
（女の子：美海ちゃん　男の子：和空くん）

「音京都店」の南4軒隣にある、パパとママのためのセレクトショップ。独特の世界観とこだわりが一つひとつに見られる［KAPITAL］をはじめ、シンプルでありながらデザイン性に優れたアイテムが取り揃えられている。さらに今シーズン新ブランドが登場。洗練されたカジュアルウエアを提案する［ANTGAUGE］は美しいシルエットや個性豊かなデザインなど存在感のあるファッションが特徴。長く愛用できるお気に入りを楽しみながら見つけよう。

Design Studio On Works
（デザイン スタジオ ワークス）
北大路堀川

>> Shop Data
京都市北区紫野下鳥田町49
☎ 075・366・8451
営 10：00〜20：00　休 水曜　P有
http://www.wuta-won.com/

2階建ての町家を現代的にリノベーション。大きな窓からは店内のディスプレイが見渡せる。入口は横にある細い路地風小路を通って奥へ

上級スタイルにパパ＆ママも夢中

1F店内には、日常使いにぴったりな動きやすくラフな洋服から、お出かけスタイルまでセンスのよいアイテムがバラエティ豊かに揃う

高い天井や梁をそのまま活かした町家らしい雰囲気を残す2F。壁の黒板はスタッフのおすすめコメントが記されているので参考にしよう

着用アイテム／夢羽ちゃん
ジャケット[EAST END HIGHLANDERS] 1万1664円／Tシャツ
[BOBO CHOSES] 4860円／スカート[ARCH&LINE] 6264円
バッグ[BOBO CHOSES] 4860円／ソックス[MARCOMONDE]
1944円／シューズ[Spring Court] 7452円

カジュアルもキレイめも
ハイセンスなキッズコーデを

ウッドテイストのおしゃれな店内には、北欧やスペインなどを中心にした海外のインポートブランドが揃う。オーガニックコットンなど着心地を重視した素材と、しっかりした縫製は日常使いからプレゼントまで、幅広いシーンに人気。子ども服では珍しいパターンのラインナップに、「私が着たい！」というママがいるほど。ジャケット＋タックパンツなど、洗練された一歩先を行くコーデを提案してくれるスタッフがいるのも魅力。

納得の一着がきっと見つかる

雅樂
（うた）
滋賀・大津

>> Shop Data
大津市打出浜14-30　大津パルコ3F
☎ 077・527・7146
⊙ 10：00〜20：30
㊡ 不定休（大津パルコに準ずる） P有（有料）
http://www.wuta-won.com/

ジャケットやワンピなどのおでかけ用も充実。デニムやシャツなどボーイズ目当てのママも多い。シンプルな大人服はマストアイテム

1枚ずつ手描きでデザインしたTシャツは、名入れをしてプレゼントにいかが。サイズは70cm〜XXXLまで（キッズ3000円、140cm〜4000円）

音 南草津店
（おん みなみくさつてん）
滋賀・南草津

≫Shop Data
草津市南草津4-5-10
☎077・565・5793
営10:00～19:00 休火曜 P11台
http://www.wuta-won.com/

楽しい仕掛けがいっぱい
親子で笑顔になるワンダーランド

着用アイテム／凪紗ちゃん
ベレー帽 [GRIN BUDDY] 3024円／カーディガン [WAFFLISH WAFFLE] 7776円～／トップス [FITH] 6372円～／ボトムス [SWAP MEET MARKET] 8532円／シューズ [Spring Court] 7020円

住宅の一角にある存在感たっぷりの一軒家。こちらは、人気ブランドを取り扱うセレクトショップで、待つのが苦手な子どもを飽きさせない工夫が随所に見られる。まず、目を引くのが店舗前のガーデンスペースにある大きな塔。2Fに続く螺旋階段になっていて、元気よく登るキッズが多いとか。店内には秘密基地風になった小部屋やお絵描きガラス、テレビがありお楽しみがいっぱい。「ここならゆっくり選べる」とママたちから評判の人気店。

個性光るアイテムがラインナップ

1F店内の木製棚には、人気の[WAFFLISH WAFFLE]をはじめ、さまざまなブランドのキッズファッションがセンスよくコーディネート

2Fにもキッズの洋服や小物がいっぱい。棚の下には、子ども目線に置かれた椅子とテレビがあり、遊び疲れたキッズがくつろげるスペースも

レディースは階段を上がって2Fへ。こちらも自然光が差し込む心地よい雰囲気。おしゃれなカジュアルウエアから靴、小物まで豊富に揃う

おしゃれでしょ？

THE NORTH FACE関西唯一の
キッズ専門店に遊びに行こう

BBQでは見慣れない炭火にテンションアップ！キャンプに行けば汚れも構わず川遊びに夢中！アスレチックを目の前にしたらいてもたってもいられない！そんな止まらないキッズの好奇心をもっとサポートしたいなら、アウトドアブランドのアイテムがおすすめ。動きやすくて、突然の雨や気温の変化にも対応できて、汚れても洗える、さらにきちんとメンテナンスすれば機能性も長続きする、いいことばかり。これならママも笑顔で「汚すまで遊んでいいよ」と言えるね。

ロンパースセット（70cmのみ）1万800円
ロンパース2タイプ、スタイ、ビーニーが巾着袋に入ったセットはギフトにもおすすめ。リクエストに応えて2016年から新しく登場

コンパクトジャケット（写真は110cm）7560円
年間通して大活躍する優秀なジャケット。ナイロン素材なのにコットンライクな肌触り。小さくたためるので持ち運びも便利

ベビーからキッズまで豊富なサイズ展開

いかがですか？

THE NORTH FACE×飛鳥工房の木のつみきや、鳥のさえずりが楽しいおもちゃなど、自然を感じられるアイテムはギフトにも最適

店内にあるキッズスペースでは木のおもちゃで遊べる。自然と親しんで欲しいというアウトドアブランドならではの心配りも嬉しい

カラフルなキッズ＆ベビーウェアがたくさん。サイズが豊富なデイパックにシューズ、帽子なども。[HELLY HANSEN]のキッズアイテムも取り扱っている

きちんと手入れをすれば防水・撥水の機能が長持ち
家でできるよ！
スペシャルケアの方法

Step 01 たっぷりの水で手洗い

専用洗剤か、手に入らない場合は市販の中性洗剤を使用。たらいなどに水、またはぬるま湯と洗剤を入れてよくかき混ぜる。手洗いがおすすめですが、洗濯機の場合は弱流水や手洗いモードで

Step 02 洗いかたのコツ

ファスナーを締めて軽く押し洗いし、濁りがなくなるまで水を替える。目立つ汚れには、洗剤を付けたスポンジで軽く押さえる。洗濯機の場合も脱水は手で、水気を押し出すように

防水素材のウェアを洗濯することに抵抗を持っている方が多いかもしれませんが、正しい方法で洗えば、防水・撥水力が持続するんです。正しくケアすることで、お気に入りのウェアも長く着る事ができますよ。

教えてくれたのは…
THE NORTH FACE KIDS 藤井大丸店　杉直樹さん

Step 05 仕上げは熱処理

スチーム機能のあるアイロンを中〜低温に設定。手ぬぐいなど綿100％の布をあて、アイロンをかけます。熱処理を行う事で撥水効果が回復。同じ場所に長時間熱を加えないように注意して

※必ず洗濯表示の確認を行ってから洗いましょう。

Step 04 撥水力をアップ

撥水力が低下した時には、専用の水溶性撥水材を使ってケアを。アウターが完全に乾いてから20〜30cm程離して全体に吹き付ける。ここでのポイントは内側にはかからないようにすること！

Step 03 ハンガーで陰干し

直射日光は生地の性能低下の原因になるので、必ず陰干しにします。風通しのよい場所でハンガーにかけ、形を整え、ファスナーは全開に。ポケットの中に水が残っていないかもチェック

(雨の日は防水アイテムを選ぼう)

防水加工とは生地の裏側にコーティングをしたり、特殊防水フィルムを生地の間にラミネートしたりして、水を通さないようにしたものです。それに対して撥水は、水滴をはじくように表面に加工をしたもので、長時間使用すると撥水機能が低下します。

(リペアサービス)

子どもたちにアウトドアの楽しみを知ってもらうため、また、モノを大切にする気持ちを育むため、キッズ＆ベビー製品のリペアを無償で行っています（フットウエアを除く）。相談や申し込みはTHE NORTH FACE KIDS 藤井大丸店または、正規販売店へ

(THE NORTH FACE KIDS NATURE SCHOOL)

未来の地球を受け継ぐ子どもたちに向け、自然に寄り添って生きる力を育んで欲しいという思いで「THE NORTH FACE KIDS NATURE SCHOOL」を実施。年間を通して、トレッキング、キャンプ、クライミングなど親子で一緒に参加できるプログラムを開催しています。2016年は関西でも楽しいイベントを計画中。詳細は公式サイト（http://www.goldwin.co.jp/tnf/kids-ns/）をチェック

自然の中って楽しいね！

THE NORTH FACE KIDS 藤井大丸店
（ザ・ノース・フェイス キッズ ふじいだいまるてん）
四条寺町／阪急河原町駅から徒歩約2分

≫ Shop Data
京都市下京区寺町通四条下ル貞安前之町605 藤井大丸5F　☎ 075-212-7628
⏰ 10：30〜20：00　無休　P有　Blog: http://goldwin-blog.jp/tnf-kids-fujii　instagram：tnf_kids_fujiidaimaru

79

PLAY SPOT
INFORMATION

（京都・滋賀）
みんなで楽しい 遊び場情報

子どもはもちろん、大人も楽しめること
間違いなしの遊び場や直売所、体験施設など、
遊び疲れること間違いなし！

SPOT 02
▶ アスレチック

緑の中を滑り抜けるようなローラーコースターや、ユニークな遊具で遊べば、子どもはゴキゲン！ 吊り橋やターザンロープなど、大人も子ども心を思い出してはしゃげそう

SPOT 01
▶ 水遊び場

キレイに整備されている水遊び場は森の中にあるので、自然を満喫できる。夏に訪れる際は水着や着替えもお忘れなく！ 夏休み期間中は魚つかみ体験もできる（別途料金要）

ガリバー青少年旅行村

（PLAY）	アスレチック・BBQ・キャンプ
（ACCESS）	高島／湖西道路から国道161号を経て約20分

ワクワクする楽しみが盛りだくさん！

巨大なガリバー像がお出迎えしてくれる、一日中遊んでも、遊び足りない［ガリバー青少年旅行村］。山の中にあるアスレチックや砦で遊んだり、安全に配慮された水遊び場で魚つかみをしたり、もちろんBBQやキャンプをすることもできる。自然の中で思いっきり楽しもう。

＊DATA

高島市鹿ケ瀬987-1 ☎0740-37-0744
⊕ 9：00～17：00（受付） ㊡営業期間中（4月1日～11月30日）は無休

入村料金／1名（4歳～）400円

MAP_P106・9

SPOT 03
▶ ガリバーの世界

大きなジャングルジムと長い滑り台の上に立っているのは巨大なガリバー像。こちらにはコンセプトに沿った5つの国があり、楽しく遊ぶことができる

ガリバーと一緒に大冒険だ!!

PLAY SPOT INFORMATION

右／色とりどりの花々がお出迎え。日本最大級の回遊式観覧温室も自慢　左／各所にベンチやテーブルが備えられている

京都府立植物園

（PLAY）　花観賞・散策など
（ACCESS）　地下鉄烏丸線「北山駅」からすぐ、または「北大路駅」から徒歩10分

ファミリーにも大人気の総合植物園

約1万2000種類の植物を収集栽培する、日本の代表的な植物園。広大な園内に多彩な花園、観覧温室などのスポットがあり、四季折々の表情を見せてくれる。花を観るだけでなく、家族が芝生でお弁当を食べたり、花とともに記念撮影をしたりと、自由に過ごす姿も。季節ごとに開催されるイベントにも注目を。

＊DATA
京都市左京区下鴨半木町　☎075-701-0141
営9:00〜16:00(17:00閉園)、温室10:00〜15:30(16:00閉室)
休12/28〜1/4休

入園料／一般200円、高校生150円、中学生以下無料　温室観覧料／一般200円、高校生150円、中学生以下無料　※駐車場1回800円

MAP_P100・3

AREA 京都・下鴨半木　CATEGORY 公園・アスレチック

嵐山-高雄パークウエイ

（PLAY）　BBQ・ドライブ・釣りなど
（ACCESS）　名神高速道路京都南インターから約30分

山間に広がるドライブコースでBBQを

嵐山から高雄まで全長10.7kmのドライブコースの道中には、山間に広がる自然の中に展望台や様々なレジャー施設が揃う。バーベキューゾーンは、大きな池でのんびり遊べる水辺と、爽やかな空気が広がる山と木立に囲まれたエリアの2ヵ所。食材は販売していないので、事前に購入してから訪れて。

＊DATA
京都市右京区梅ケ畑檜社町11　☎075-871-1221
営バーベキューゾーン10:00〜16:00　休無休

通行料金／軽・小型普通自動車 1180円。BBQ利用料金／屋根なし：1基2500円（土・日・祝）、平日は1基 2000円

水辺のバーベキューコーナーは大きな池でのんびり遊べる人気エリア

MAP_P98・1

AREA 京都・梅ケ畑　CATEGORY BBQ・キャンプ

右／噴水が出るプールと小さい池、そこを結ぶ水路で構成される親水空間　左／小さな子どもでも楽しく遊べる遊具がたくさん

宝が池公園子どもの楽園

（PLAY）　遊具・水遊び・プレイパークなど
（ACCESS）　地下鉄烏丸線「国際会館駅」から徒歩15分

遊具ゾーンや水遊び場で遊びを発見！

豊かな自然環境が魅力の公園。大広場、遊具、プレイパークの3つのゾーンに分かれており、夏場は噴水などを備えた親水スペースも開放されるので、水遊びにはうってつけ。また、毎週日曜には昔の遊び、工作などを体験する通常プレイパーク、第1、第3土曜には自然あそび教室も開催されるので要チェック。

＊DATA
京都市左京区上高野流田町8　☎075-781-3010（宝が池公園 子どもの楽園管理事務所）
営9:00〜16:30　休12/29〜1/3休

入園無料　※駐車場 1回510円

MAP_P100・3

AREA 京都・左京区　CATEGORY 公園・アスレチック

82

· KYOTO SHIGA ·

伏見港公園・プール

（PLAY） 遊具・プール、散策など
（ACCESS） 京阪本線「中書島駅」から徒歩5分

気軽に遊べる憩いの公園にはプールも

体育館やテニスコート、相撲場などの施設が揃う、府民の憩いの場。1周約550mのウォーキングコースは各所にベンチがあるので、子ども連れでのお散歩にはおすすめ。通年営業している屋内プールは25mのメインプールと子ども向けのサブプール、夏季限定の屋外には3種のプールとウォータースライダーがある。

右／公園の様々な景色を楽しみながらウォーキング 左／屋外プールの8mと10mのウォータースライダーは子どもに大人気

＊DATA
京都市伏見区葭島金井戸町 ☎075-611-7081
営 プールは3区分入れ替え制（午前9:30〜12:30、午後13:30〜16:30、夜間17:30〜20:30） 休 無休

入園無料 プール／一般 600円〜200円、高校生 450円〜150円、小・中学生 300円〜100円、幼児 150円〜50円、0〜3歳無料 ※料金は利用時間による。※駐車場60分300円、以降60分100円

MAP_P104・7

るり渓温泉

（PLAY） BBQ・温泉・テニスなど
（ACCESS） 京都縦貫自動車道千代川インターから約30分

BBQに温泉と高原で過ごす豊かな1日

「心と身体の癒しの森」をコンセプトにした総合レジャー施設。4〜11月にオープンする高原バーベキューは、緑に囲まれた場所で新鮮な野菜や国産牛などが食べられる手軽さが人気。全国でも有数のラドン含有量を誇る天然温泉を利用した入浴施設のほか、ポテポテゴルフやテニスなども併設されている。

右／大浴場のほか、水着着用エリアや館内着着用エリアもある 左／手ぶらで楽しめるバーベキューは屋根付きの席も完備

＊DATA
南丹市園部町大河内広谷1-14 ☎0771-65-5001
営 高原バーベキュー 4月上旬〜11月下旬 ※営業時間は季節・曜日により異なる。HP参照
休 期間中無休

入場無料 バーベキュー大人プラン2300円〜、小人プラン1700円〜 入浴大人700円〜（土・日曜・祝日800円〜）、小人350円〜（土・日曜・祝日400円〜）

MAP_P98・1

アクトパル宇治

（PLAY） BBQ・デイキャンプ・グラウンドゴルフなど
（ACCESS） 京滋バイパス笠取インターから約3分

水辺と緑に広がるゾーンで自然に親しむ

緑豊かな山麓に広がる総合レクリエーション施設。水遊びができる川の広場、フリーサイトがある森のゾーンで、2つの風景が満喫できる。カレーや焼きそばの食材セット（各400円）もある。さらに、食堂や浴場、図書室をはじめ誰もが気軽に自然を楽しめる設備が整っているので、小さい子ども連れでも安心。

右／川の広場では川に入ることができるので、水生昆虫を探してみよう 左／斜面を利用したアスレチック「冒険とりで」

＊DATA
宇治市西笠取辻出川西1 宇治市総合野外活動センター ☎075-575-3501
営 10:00〜16:00 休 月曜休（祝日の場合は翌日）、年末年始休

入場無料 野外炊事棟・フリーテントサイト日帰り利用料金／大人200円、高校生150円、小中学生100円、4〜6歳50円

MAP_P107・10

PLAY SPOT INFORMATION

右／長さ13mのトンネル式すべり台タイムトンネル　左／長さ43.5mのステンレス製パイプのジャンボすべり台は気分爽快

太陽が丘公園・プール

（PLAY）　遊具・プール、散策など
（ACCESS）　京滋バイパス宇治西インターから車で20分

満載の遊具に加え夏はプールも開園

ジャンボ滑り台やジャングルネットがある冒険の森、タイムトンネルがあるふるさとの森、迷路やSLがある遊びの森など、趣向を凝らした遊具で遊び回れる。遊具だけでなく、夏にオープンする幼児から遊べるプールでは、渓流、こどもプール、ボブスレー、スライダーなど表情豊かなプールが揃い、子どもに大人気。

＊DATA
宇治市広野町八軒屋谷1　☎0774-24-1313
⌚9:00～18:00(5～8月は19:00まで、10～3月は17:00まで)、ファミリープール(7/15～8/31※休みは直接問い合わせを)9:00～16:00入場
休木曜休(ファミリープール期間中・春休み・冬休み・10月は無休)、年末年始休

入園無料　ファミリープール／一般1000円、高校生700円、小・中学生450円、幼児100円　※駐車場 1日400円(30分未満で同ゲートから出た場合無料)

MAP_P99・2

鴻ノ巣山運動公園

（PLAY）　遊具・散策など
（ACCESS）　JR奈良線「城陽駅」、近鉄京都線「寺田駅」から京阪宇治交通バスで「プラムイン城陽」下車すぐ

野外遊具や芝生広場で大人も楽しめる

緑に恵まれた自然環境にある憩いのスペース。園内はスポーツゾーンとレクリエーションゾーンに分かれていて、レクリエーションゾーンには大芝生広場、ローラースライダー、レストランなどが充実するほか、バンクーバー砦、慶山ロックヒルといった大型野外遊具で、子どもと一緒に童心に返って楽しめる。

＊DATA
城陽市寺田奥山　☎0774-55-6222
⌚9:00～17:00※施設や季節により異なる　休年末年始休

入園無料　※駐車場 2時間無料、以降3時間まで200円、4時間まで300円、4時間以降400円

右／展望広場からは生駒山系、六甲山系などが見渡せる　左／全長140mの大滑り台はスピード感が特徴。大人でも楽しめる

MAP_P99・2

※離乳食に限る　※カフェ・喫茶店　※有料エリアあり

右／棚田を模したデザインで、4面の芝生広場がだんだんに連なる　左／四季折々の風景が楽しめる現代の回遊式日本庭園・水景園

けいはんな記念公園

（PLAY）　遊具・散策など
（ACCESS）　JR学研都市線「祝園駅」・近鉄京都線「新祝園駅」から奈良交通バスで水景園へは「公園東通り」下車すぐ、芝生公園へは「けいはんな記念公園」下車すぐ

家族みんなで自然を満喫できる広場公園

無料エリアの芝生広場ではピクニックや小川でのザリガニ釣りなども楽しめ、有料エリアには回遊式庭園「水景園」や散策のできる森もあり、庭園や自然を満喫できる。池ではコイのエサやりも人気が高く、幅広い年代の憩いの場として親しまれるほか、年間を通して自然と文化を楽しめるイベントも開催。

＊DATA
相楽郡精華町精華台6-1　☎0774-93-1200
⌚9:00～17:00(入園は16:30まで)　休年末年始休

水景園／一般200円、小中学生100円
※駐車場 普通車1回400円(8:30～17:30)

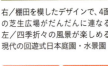

MAP_P99・2

• KYOTO SHIGA •

AREA 滋賀・草津
CATEGORY 公園・アスレチック

矢橋帰帆島公園

（PLAY）	BBQ・おもしろ自転車・グラウンド・ゴルフなど
（ACCESS）	名神高速道路瀬田西インターから約15分

アクティブ派のファミリーにおすすめ！

高さ10mのロープジャングルジムなどの遊具がある子どもの広場、8面のテニスコートなどのスポーツ施設を備えた公園。4月1日〜11月下旬に利用できるキャンプ・バーベキュー場(要予約)で、緑に囲まれたバーベキューを楽しんで。また、ユニークなデザインの「おもしろ自転車」も人気なのでぜひ。

琵琶湖をかたどった板張りの回廊がぐるりと囲む子どもの広場

✳DATA
草津市矢橋町字帰帆2108　☎090-3054-7779
🕙10:00〜15:30　㊡火曜休、11月下旬〜3月末休
BBQ日帰り利用料金／大人(高校生以上)180円(県内)、270円(県外)、小人(小・中学生)130円(県内)、200円(県外)

MAP_P107・10

AREA 滋賀・高島
CATEGORY 公園・アスレチック

びわ湖こどもの国

（PLAY）	キャンプ、プールなど
（ACCESS）	JR安曇川駅からバスで約20分

琵琶湖畔の大型児童館を遊び尽くそう

琵琶湖畔にある水と緑に囲まれた公園。冒険水路やオオナマズをモチーフにした大スケールの遊び場がたくさん。雨の日でも利用できる「虹の家」には、トランポリンなどがあり、高さ9メートルのクライミングウォールにも挑戦できる。夏には水泳場も開設、湖畔では有料のキャンプをはじめとする野外活動が楽しめる。

「ビワコオオナマズ」の大型遊具などが子どもの冒険心をくすぐる

✳DATA
高島市安曇川町北船木2981　☎0740-32-1392
🕙9:00〜18:00(季節により異なる)　㊡12月〜2月の月・火曜休(祝日、学校休業の場合は開園)、12/29〜1/3休

入園無料　※駐車場 1回500円

MAP_P106・9

AREA 滋賀・日野町
CATEGORY 公園・アスレチック

滋賀農業公園 ブルーメの丘

（PLAY）	BBQ・芝すべり・手作り体験など
（ACCESS）	新名神高速道路甲賀土山インターから約25分

美しい農業公園には遊具もいっぱい！

ドイツの田舎町と農業をテーマにした農業公園。芝すべり(20分400円)や、ゴーカート(800円)、巨大迷路(300円)などの豊富な遊具や、多彩な手作り体験が好評。また、チューリップやコスモスなど四季折々の花も咲き誇り、ヒツジやウマ、ヤギ、ミニブタとの触れ合いや乗馬体験も楽しめるとあって、一日中楽しめる。

4月中旬〜5月上旬には約10万本のチューリップが花畑に咲き誇る

✳DATA
蒲生郡日野町西大路843　☎0748-52-2611
🕙9:30〜18:00 ※12月〜2月は営業時間縮小　㊡無休
入園料／大人(中学生以上)1000円、子供(4歳〜小学生)600円、12月〜2月大人500円、子供300円

MAP_P107・10

PLAY SPOT INFORMATION

ゴツゴツとした岩肌の道を、手すりを頼りに足元に気を付けて進んで

河内風穴

（PLAY） 見学
（ACCESS） 名神高速道路彦根インターから約20分

県指定天然記念物の神秘的な鍾乳洞へ

霊仙山塊（りょうぜんさんかい）カルスト地帯にある県の天然記念物指定の鍾乳洞で、総面積は日本屈指。高さ1mの入口をくぐると神秘的な自然の造形が広がる。小洞が複雑に入り組んだスリル満点の洞内の1Fと2Fの一部が見学可能。洞内温度が一年を通して12℃～13℃なので、夏は涼しく冬は暖かい。

＊DATA
犬上郡多賀町河内宮前　☎0749-48-0552
9:00～16:00(夏期は9:00～17:00)　無休※雨・積雪時は見学不可

入場料/大人500円、5歳～小学生300円　※駐車場2時間400円

MAP_P106・9

京都丹波/亀岡「夢コスモス園」

（PLAY） コスモス観賞
（ACCESS） 京都縦貫自動車道亀岡インターからすぐ

関西有数の規模を誇るコスモス園

4.2ヘクタール・20品種約800万本ものコスモスが咲き誇る、関西有数の規模のコスモス園。毎年9月下旬～11月初旬に開園し、早咲きの品種もあるため、期間中何度行っても楽しめる。「イエローキャンパス」「ハッピーリング」など珍しい品種にも注目を。開園中は丹波味わい市やドッグラン(有料)なども実施される。

＊DATA
亀岡市吉川町穴川野水（亀岡運動公園体育館 東側）
☎0771-22-0691 (JR亀岡駅観光案内所)
9:00～16:00(受付終了)、土・日曜・祝日は～16:30(受付終了)　期間中無休

入園料/中学生以上500円、土・日曜・祝日600円、小学生300円(予定)

右／個性的なかかしが並ぶ創作かかしコンテストにも注目 左／青空とコスモスの赤や黄色などのコントラストがすばらしい

MAP_P98・1

びわ湖バレイ

右／ジップラインはスリルと爽快感が抜群 左／びわ湖バレイ山頂には、滋賀県で唯一琵琶湖を南北に見渡す展望台がある

（PLAY） ウインタースポーツ、ジップラインなど
（ACCESS） 湖西道路志賀インターから約5分

一年中アクティビティが楽しめるスポット

京阪神から快適にアクセスでき、琵琶湖の南湖から北湖までパノラマで見渡せる絶景を楽しめる。冬はメインゲレンデや林間コースなど、ビギナーからエキスパートまで楽しめるスキー場。グリーンシーズンもソリ遊びやアスレチック、「ジップライン・アドベンチャー」などファミリーやキッズも楽しめる遊びの施設が満載。

＊DATA
大津市木戸1547-1　☎077-592-1155
ウインターシーズン8:30～17:00(日により異なる)、グリーンシーズン9:30～17:00(日により異なる)　4月・6月・11月に定期休業あり

入場料/時期により異なる(ロープウェイ料金要) ※駐車場料金は時期により異なる

MAP_P106・9

86

· KYOTO SHIGA ·

箱館山スキー場

（PLAY） ウインタースポーツ・山遊び
（ACCESS） 名神高速道路京都東インターから今津方面へ約70分

冬はスキー、夏と秋は季節の花が咲く

琵琶湖が一望できるスキー場。初級者向けメインゲレンデ第2ゲレンデは一枚バーンで、名物コースとなっている。子供も楽しめるバンクやウェーブを配置したクロスコースなど趣向を凝らしたコースが目白押し。また、夏は35万球・250万輪のゆり園、秋は2000本のコキアの高原に生まれ変わるので訪れてみよう。

＊DATA
高島市今津町日置前4201-4 ☎0740-22-2486
営 8:30～17:00(日により異なる) 休 シーズン中無休

入場料／時期により異なる
※駐車場 グリーンシーズン無料、ウインターシーズン時期により異なる

右／冬以外も人工雪のスノーマウンテンやソリ遊びが大人気
左／夏や秋には子どもたちが遊べる「Kid's World」が登場

MAP_P106・9

※飲食物持込、冬は不可

AREA 滋賀・今津町
CATEGORY 山遊び

AREA 滋賀・朽木
CATEGORY 山遊び

右／琵琶湖を眺めながら、広々としたゲレンデを滑走 左／安全に雪に親しめるキッズゲレンデは大人も子どもも入場料600円

朽木スキー場

（PLAY） ウインタースポーツ
（ACCESS） 名神高速道路京都東インターから国道161号を敦賀方面へ約90分

子ども専用エリアで安全に雪遊びを満喫

駐車場に下りればゲレンデまですぐ、ファミリーに優しいスキー場。琵琶湖を眺めながら、広々としたゲレンデを滑走する爽快感が人気。スキーヤーなどと接触することなく安全に遊べる、子どもにおすすめの雪遊びやそり遊び専用のキッズゲレンデは、全長60mのキッズウェイ(動く歩道)で、登り坂もらくちん。

＊DATA
高島市朽木宮前坊180-1 ☎0740-38-2323
営 9:00～16:45、土日祝日 8:00～16:45
休 12月下旬～3月中旬の期間中無休

入場無料 リフト1日券／大人3000円、子ども(小学生以下)2500円
※駐車場 1回500円(土・日曜・祝日1回1000円)

MAP_P106・9

AREA 京都・大森
CATEGORY BBQ・キャンプ

大森リゾートキャンプ場

（PLAY） BBQ・曳き馬・手作り体験教室など
（ACCESS） 名神高速道路京都南インターから162号高雄を経て約60分

美しい緑と清流の中で手軽に美味を

「山に登るもよし、川遊びもよし、自由気ままに過ごす」がテーマのキャンプ場では、手軽にBBQが楽しめる。焼肉の他に鶏肉のすき焼きや水だき(各3700円・1人前)が用意されている。キャンプインストラクターなどの資格を持つスタッフがいるので初心者でも安心。また、放牧場でのひき馬体験も大人気。

＊DATA
京都市北区大森東町340-2 ☎075-406-2850
営 9:00～18:00 休 無休

日帰り利用料金／大人1000円、子ども(3歳～高校生)500円
※駐車場 1回600円

右／ひき馬体験はキャンプ場内1周300円から 左／テントサイトや丸太小屋、バーベキュー場などの様々な施設が点在

MAP_P98・1

• PLAY SPOT INFORMATION •

右／無料で利用できるテントサイトを利用して緑豊かな山々を散策　左／調理台やかまどなどの設備が充実の野外炊事場

京都市百井青少年村

（PLAY）　デイキャンプ・ウォーキングなど
（ACCESS）　国道367号で大原を経て小出石から約15分

京都・山間部で四季折々の自然を満喫

京都市中心部から1時間足らずで到着できるキャンプ場。街中とは気温差が5℃もあるので夏でも爽快。テントや備品の貸出し(夏場のみ)も行っているので、食材さえあれば少人数でも利用できるのが魅力。冬には約1メートルもの雪が積もり、雪遊びが楽しめる。宿泊はテントサイトが無料、ロッジと山の家は有料。

＊DATA
京都市左京区大原百井町356　☎075-354-6388
営 応相談　休 12月29日〜1月3日休

入園無料

AREA 京都・大原百井
CATEGORY BBQ・キャンプ

MAP_P98・1

京都市京北森林公園

（PLAY）　BBQ・キノコ狩り・キノコ菌打ち体験・石窯ピザ作り体験など
（ACCESS）　JRバスで「周山」乗り換え、京北ふるさとバス「比賀江」下車、徒歩5分

菌打ち体験などを通してきのこの達人に

広い芝生や430mの遊歩道で森林浴、北山丸太で作ったアスレチックなど、のびのび過ごせるスポット。入館無料のきのこ館のほか、しいたけなどの菌打ち体験も期間限定(3月のみ)で楽しめる。バーベキューができる野外炉やアウトドアクッキング体験など、様々な遊びを家族みんなで楽しんで。施設利用は有料。

＊DATA
京都市右京区京北塔町愛宕谷25-3　☎075-853-0200
営 9:00〜17:00　休 月曜日（祝日の場合は開園、翌日休）

入園無料

採れたてのキノコの味は格別！バーベキューやピザで味わって

MAP_P98・1

AREA 京都・京北
CATEGORY 味覚狩り

右／テントデッキは10基用意されている。キャンプは1000円〜とリーズナブル　左／500円〜で利用できるデイサイト

スチール®の森 京都

（PLAY）　デイキャンプ・ウォーキングなど
（ACCESS）　京都縦貫自動車道園部インターから約15分

森林浴で気分をリフレッシュできる公園

128ヘクタールに及ぶ広大な敷地内に、広場や散策路、資料館、研修館などを備える森林公園。中央にある森の広場でデイキャンプが楽しめる。森林浴やバードウォッチングをしながらウォーキングすれば、日頃の疲れが吹き飛びそう。400㎡のドッグランも併設されているので、愛犬と一緒に走り回れるのも魅力。

＊DATA
南丹市日吉町天若上ノ所25　☎0771-72-1339
営 利用期間／通年　利用時間／10:00〜15:00
休 水曜日(祝日の場合は翌平日休※夏休み期間中は除く)、12月28日〜1月4日休

入場無料　デイサイト利用料金／1区画500円

MAP_P98・1

AREA 京都・日吉
CATEGORY BBQ・キャンプ

88

· KYOTO SHIGA ·

スプリングスひよし

(PLAY)	温泉・BBQ・グラウンドゴルフ・など
(ACCESS)	京都縦貫自動車道園部インターから約7分

バーベキューを楽しんだあとは温泉へ！

天然温泉を中心とした総合リラクゼーション施設。温泉はもちろん、チムジルバン(岩盤浴)、プール、足湯、レストランなどが揃う。中でも「バーベキューガーデン」は広々スペースで、自慢のアウトドアギアを持参して楽しむのもOK。レンタル品も充実しているので、様々なアウトドアクッキングを楽しめる。

＊DATA
南丹市日吉町中宮ノ向8　☎0771-72-1526
営 BBQガーデン10:00〜、温泉・プール10:00〜21:00 ※施設により異なる
休 水曜休(祝日の場合は翌日)、BBQガーデンは12月〜3月休

BBQガーデン利用料/一区画2160円(清掃協力費)

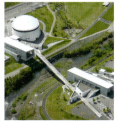
右/周辺は雄大なロケーション
左/BBQガーデンには食材パック1836円(2名以上、要予約)などもある

MAP_P98・1

木工クラフト1作品300円〜。苔玉教室1作品600円〜(皿は別料金)

わち山野草の森

(PLAY)	木工クラフト・苔玉教室など
(ACCESS)	京都縦貫自動車道丹波インターから約20分

木工クラフトや苔玉づくりで自然を身近に感じて

由良川沿いに広がり、町が一望できる山や池、森がそのまま公園に。12ヘクタールの敷地を持つ園内では、約900種の山野草や花木などが四季折々の美しい風景を満喫させてくれる。周りの景色を楽しみながら木工クラフトや苔玉づくり、園内散策を体験して、心も体も思う存分リフレッシュしよう！

＊DATA
船井郡京丹波町坂原シヨガキ5　☎0771-84-2041
営 9:00〜16:00　休 火曜休(祝日の場合は翌日)

園内散策/中学生以上310円、小学生210円。管理棟周辺・中庭・ガラス温室・展示会の観覧は無料

MAP_P98・1

マキノ高原

(PLAY)	BBQ・温泉・川あそびなど
(ACCESS)	名神高速道路京都東インターから国道161号を経由して約90分

爽やかな高原で好きな時間を過ごして

標高824mの赤坂山の山麓に広がるマキノ高原。キャンプ場は「林間」「高原」「広場」「展望」「川」「森の隠れ家」と6つのサイトに分かれており、屋根付きの全天候型BBQハウスは、林間サイトにある。敷地内に「マキノ高原温泉さらさ」があるので、バーベキューのあとの汚れや臭いを洗って帰れるのもうれしい。

＊DATA
高島市マキノ町牧野931　☎0740-27-0936
営 10:00〜16:00　無休

日帰り利用料金/1サイト1000円〜＋入場料大人(中学生〜)300円、子ども(3歳〜12歳)200円　手ぶらde BBQ(林間サイトBBQハウス)大人4000円、子ども2000円(4名以上・要予約)

右/トレッキングや森林浴など、豊かな自然を生かした遊びも可能　左/ヨキトギ川のせせらぎを聞きながら過ごせる川サイト

MAP_P106・9

· PLAY SPOT INFORMATION ·

キャンプサイトへは車で入ってこられるので、荷物運びが簡単に行える

十二坊温泉 オートキャンプ場

（PLAY）　キャンプ・温泉・プールなど
（ACCESS）　名神高速道路竜王インター・栗東湖南インターから約10分

温泉と室内プールを併設するキャンプ場

湖南にある「十二坊温泉ゆらら」内にあるオートキャンプ場。全サイトで電源が利用できるほか、キャビン付きサイトが4サイト登場。散策道や木製遊具もあるので、家族みんなでまったりと過ごすことができる。施設内には、露天風呂からの眺望が自慢の天然温泉(大人600円)と、室内温泉プール(大人1000円)も完備。

＊DATA
湖南市岩根678-28　☎0748-76-3811
営 オートキャンプチェックイン13:00〜、温泉10:00〜22:00(最終受付/21:20)
休 無休

キャンプサイト利用料金/1サイト2デイズ(1泊)利用料金4200円＋環境協力費1名50円　電源を使用する場合はプラス500円。温泉大人(高校生以上)600円、小人(3歳以上)300円

MAP_P107・10

AREA 滋賀・竜王
CATEGORY BBQ・キャンプ

道の駅 和

（PLAY）　農畜産物購入
（ACCESS）　京都縦貫自動車道京丹波わちインターから国道27号を京都方面へ約6分

絶景自慢の道の駅はバーベキューもOK

大自然がパノラマで展望できる由良川左岸に位置し、地元で培われた特産物や農産加工品を販売する。レストランやふるさと工房、町の特産品がそろう特産館、野外休憩所がある。由良川を眺めながら食事ができるバーベキューガーデンもあり、夏季には鮎の塩焼きやバーベキューも楽しめる。

＊DATA
船井郡京丹波町坂原上モジリ11　☎0771-84-1008
営 8:30〜18:30　休 火曜休(祝日の場合は翌日)

入場無料

MAP_P98・1

右／毎週水、日曜、祝日の8:30〜12:00には朝市を開催　左／レストラン「和」は地野菜や特産物を使ったメニューが自慢

AREA 京都・京丹波町
CATEGORY 直売所

右／京都の豊かな風土に育まれた、旬の伝統野菜やブランド野菜が並ぶ　左／米粉パンにはこだわりのお米のみを使用

ファーマーズマーケット たわわ朝霧

（PLAY）　農畜産物購入
（ACCESS）　京都縦貫自動車道篠インターからすぐ

朝から揃う旬の野菜や米粉パンが自慢

京都府内最大級の直売所に、鮮度と味にこだわった安心・安全の農畜産物が集まる。自家製米粉のモチモチ米粉パンが自慢の「たわわパン工房」、その場で精米して販売する米工房、さらに全国的に評価の高い亀岡牛の対面販売が大人気。また、丹後の牧場で搾った牛乳をたっぷり使ったジェラートも美味。

＊DATA
亀岡市篠町野条上又30　☎0771-23-8318
営 9:00〜17:00
休 水曜休(祝日の場合は営業の場合有)、年始休、7月〜8月は無休

入場無料

MAP_P98・1

AREA 京都・篠町
CATEGORY 直売所

· KYOTO SHIGA ·

道の駅 アグリの郷栗東

（PLAY） 農畜産物購入
（ACCESS） 名神高速道路栗東インターから約10分

新幹線を見ながら買物や食事ができる

生命力あふれる栗東野菜や、農薬・化学肥料を抑えた栗東アグリ米などを直売する道の駅。また、レストランや駐車場から新幹線の走行風景を見られる日本唯一の道の駅としても有名。工房で作る「まるっぽ豆腐」おからのでない大豆の味が濃厚な豆腐や手作りのパンやジェラート、割木の巻寿しもおすすめ。

✱ DATA
栗東市出庭961-1　☎ 0120-10-7621（携帯可）
営 9:00～18:00　休 年始休

入場無料

右／各農家から朝採れの季節の新鮮野菜が届く　左／甘辛く煮込んだ柔らかいゴボウを具にした割木の巻寿しは必食！

MAP_P107・10

地元で収穫された農産物を使った惣菜やお菓子などの加工品も人気

ファーマーズ・マーケット おうみんち

（PLAY） 農産物購入
（ACCESS） 名神高速道路栗東インターから約20分

地域の農産物を使ったバイキングをぜひ

滋賀県の中でも最大級の規模を誇る農産物直売所。地元で朝に収穫された安全・安心な農産物が並ぶ。「日々のおかず」をコンセプトに、地元で採れた新鮮野菜を生かしたバイキングも大人気で、大人（中学生以上）1296円、小学生864円、4才以上540円で楽しめる。野菜中心でヘルシーなこだわり料理に舌鼓を。

✱ DATA
守山市洲本町2785　☎ 077-585-8318
営 9:00～18:00　休 第2水曜休（6～8月を除く）、年末年始休

入場無料

MAP_P107・10

さがの温泉 天山の湯

（PLAY） 入浴
（ACCESS） 嵐電「有栖川駅」から徒歩3分

京都らしい和モダンな空間で源泉を満喫

嵐山や嵯峨野の観光名所に近い好立地に建つ温浴施設。地下1,200mから湧き出る源泉をそのまま使用する露天風呂「金閣の湯」や、毎週末には高濃度炭酸泉が登場する「銀閣の湯」のほか、浴場の外に源泉足湯やセラミック足湯も完備。湯上がりには本格和食や洋食を味わえる「京都だいにんぐ」へぜひ。

右／ジェットバスや竹取壺湯など、多種多彩な浴槽　左／海から遠い盆地の京都では珍しいナトリウムカルシウム塩化物泉

✱ DATA
京都市右京区嵯峨野宮ノ元町55-4-7　☎ 075-882-4126
営 10:00～翌1:00（最終受付24:00）※施設により異なる
休 第3月曜休（祝日の場合は翌日休）

入浴料／一般1050円、4才～小学生500円

MAP_P101・4

• PLAY SPOT INFORMATION •

右／比良の自然を満喫しながらリラックスできる露天風呂が人気　左／泉質は神経痛、筋肉痛などに効能がある単純温泉

天然温泉 比良とぴあ

（PLAY）　入浴・マレットゴルフなど
（ACCESS）　JR「比良駅」から無料送迎バスあり

比良の自然を一望できる露天風呂

比良山系のふもとにある日帰り温泉施設は、街の喧噪から離れゆっくりリラックスできると評判。開放的な露天風呂や大きな窓の大浴場からは、比良山をはじめとする大自然を眺められる。鮎そばを味わえる食事・売店があるほか、子どもから大人まで楽しめるマレットゴルフも場も備えられている。

＊DATA
大津市北比良1039-2　☎077-596-8388
⊕10:00〜21:00(最終受付/20:30)　⊗12月30日〜1月1日休、他臨時休有

入浴料／シルバー (70歳以上)410円、大人(中学生以上)610円、小人(小学生)410円

MAP_P106・9

AREA 滋賀・北比良　CATEGORY おふろ

くつき温泉てんくう

（PLAY）　入浴
（ACCESS）　名神高速道路京都東インターから約80分

天狗の顔がインパクト大の人気温泉

「グリーンパーク想い出の森」内にあるクア施設。水着着用のプールゾーンと男女別浴場があり、天狗の顔を模したユニークな露天風呂が人気で、朽木の山々を眺めながら草花の香り、鳥の鳴き声を楽しみながらのんびりと湯に癒されよう。週末はアウトドアを楽しんだ家族連れで賑わいをみせる。

＊DATA
高島市朽木柏341-3　☎0740-38-2770
⊕10:00〜21:00(最終受付/20:30)　⊗無休

入浴料／大人(中学生以上)600円、小人(3歳以上)300円
プール利用料／大人(中学生以上)1200円、小人(3歳以上)600円

MAP_P106・9

右／山々を一望できる露天風呂。森林浴をしながらゆっくりと過ごして　左／温泉だけでなく、キャンプやアウトドアも楽しめる

AREA 滋賀・朽木　CATEGORY おふろ

右／「出動!!こども消防隊」では赤外線センサーによる放水を体験！　左／もしもの時に役立つ防災知識を楽しみながら学べる

京都市市民防災センター

（PLAY）　防災体験
（ACCESS）　近鉄「十条駅」から徒歩8分、近鉄「東寺駅」から徒歩15分

体験コーナーを通して楽しい防災体験を

市民一人ひとりの意識と行動力を高めるための、多彩な体験＆展示を提供。"防災"といっても堅苦しく考えるのではなく、五感を刺激する体験を通じて楽しく学べる。プロジェクションマッピングによるミニシアターや、本物のヘリコプターに搭乗できたり、消防士に変身できるなど、家族で楽しめるコーナーがたくさん。

＊DATA
京都市南区西九条菅田町7　☎075-662-1849
⊕9:00〜17:00(防災体験などの受付〜16:00)　⊗月曜、第2火曜休

入館無料

MAP_P104・7

AREA 京都・西九条　CATEGORY 体験・学び

朝日新聞社京都工場

(PLAY) 印刷見学、概要説明など
(ACCESS) 京阪「中書島駅」から徒歩約20分

世界トップの輪転機を間近で見学

1時間当たり18万部の印刷が可能な世界トップレベルの大型輪転機で、実際に新聞を刷る迫力満点の様子などを見学。印刷の工程を実演で説明してくれるので、子どもでも理解しやすい。見学後にはできたての夕刊に加え、見学記念新聞やボールペン、カラー印刷の仕組みの教材などのプレゼントも。

右／京都や滋賀などに配られる夕刊の印刷を行う工場　左／印刷工程に加え、印刷の最新技術や環境対策についても紹介

＊DATA
伏見区横大路下三栖城ノ前町23-3 ☎075-603-3213
営 12:10～13:20、13:50～15:00　休 日曜、祝日、年末年始休
見学無料 ※要予約

MAP_P104・7

コカ・コーラウエスト 京都工場

(PLAY) 工場見学、立体映像でのシアター鑑賞、好きなドリンクを試飲など
(ACCESS) 京滋バイパス久御山インターから約10分

知って、飲んで、ワクワク体験がいっぱい

[コカ・コーラウエスト 京都工場 エコラ館]のオリジナルキャラクター・エコラちゃんが、工場見学をナビゲート。130年の歴史を楽しく学んだり、大きなコカ・コーラの缶の中で製造行程を見学したり、3Dシアターなど、楽しい仕掛けがいっぱい。コカ・コーラなどのドリンクの試飲やコカ・コーラグッズの買い物も楽しんで！

右／外観など記念撮影スポットもいっぱい　左／スタディゾーンでは大きなコカ・コーラの缶の中に入って製造風景を見学できる

＊DATA
久世郡久御山町田井新荒見128 ☎0774-43-5522
営 1回目10:00～、2回目12:30～、3回目14:30～（3～9月）土・日曜・祝日、春・夏休み期間中4回目16:30～　休 月曜休（第1月曜は除く。他、臨時休館有）
見学無料 ※要予約

MAP_P99・2

雪印メグミルク 京都工場

(PLAY) ビデオ鑑賞後、製造ラインと品質検査室を見学
(ACCESS) 京都縦貫自動車道八木西インターから約2分、またはJR「吉富駅」から徒歩約15分

もっと牛乳が好きになる！見学後の試飲もお楽しみ

身近な牛乳やヨーグルトの製造ラインをガイドさんの説明付きで見学できるので、子どもでも理解しやすいと好評。機械による充てん作業など、思わず目が釘づけになる工程のほか、牛乳の栄養の秘密なども映像で見ることができる。お待ちかねの牛乳の試飲もあるので、子どもも大人も家族で大満足！

1時間で約1万4000本の牛乳が充填される作業のスピードは必見

＊DATA
南丹市八木町美里紫野1 ☎0771-43-2150
営 1回目10:30～、2回目13:30～　休 土・日曜・祝日、年末年始休
見学無料 ※要予約

MAP_P98・1

PLAY SPOT INFORMATION

右／通路にはモニターも設置されていて、細かい作業も確認できる　左／ミートボールやハンバーグができあがるまでを見学

石井食品 京丹波工場

（PLAY）　ミートボールやハンバーグの生産工程を参観通路から見学
（ACCESS）　京都縦貫自動車道丹波インターから約10分

製造工程の見学後は試食も楽しめる

食卓や子どもたちのお弁当にかかせない、ハンバーグやミートボールの製造工程を、見学用の通路を歩きながら見学。徹底した品質管理や検査の様子など、新たな発見がいっぱい。最後は工場でしか食べられない作り立てのミートボールなどの試食が楽しめるうえ、おもやげもたくさんあり、ママもにっこり。

＊DATA
船井郡京丹波町富田美月61　☎0771-82-2131
営 1回目10:00～、2回目13:00～　休 日曜、祝日休 ※ほかに工場指定休有

見学無料 ※要予約

MAP_P98・1

AREA 京都・船井郡 / **CATEGORY** 工場見学

コクヨ工業滋賀

（PLAY）　概要説明、製造工程ビデオ、工場見学、体験アトラクション、お土産、販売
（ACCESS）　名神高速道路湖東三山スマートインターから国道307号経由で約2分

国内最大級のノート工場を見学できる

国内最大級のノート工場で、コクヨの物作りへのこだわりを学べる。コクヨの100年以上続く歴史を貴重な資料とともに見学できるほか、生産設備や環境対応設備、品質へのこだわりを体験できるコーナーもある。さらに、ここでしか買えない工場限定のオリジナルキャンパスを購入できるショップやおみやげにも注目。

＊DATA
愛知郡愛荘町上蚊野312　☎0749-37-8017
営 月2回10:00～（25人以上の団体は14:00～）

見学料/100円、小学生以下無料
※要予約。見学料は琵琶湖を中心とした環境保全活動に全額活用

生産現場見学では機械の音が鳴り響く中、無線ガイドを使用して案内

MAP_P106・9

AREA 滋賀・愛荘町 / **CATEGORY** 工場見学

「持てますか1億円」のコーナーで、1億円の重みを体感してみよう

国立印刷局 彦根工場

（PLAY）　印刷見学、概要説明
（ACCESS）　JR南彦根駅から徒歩約10分

生活に必要な「お札」について学べる

暮らしに欠かせないお札を製造。工場見学では、ガラス越しに印刷工程を見学できるほか、お札の歴史、製造工程などについてのビデオ上映、お札や偽造防止技術のパネル紹介と、お札について楽しく学べる。1億円の重さを体験できるコーナーや、来場記念パネル前での記念撮影も好評。対象は小学生中学年以上。

＊DATA
彦根市東沼波町1157-1　☎0749-27-6004
営 1回目10:00～、2回目13:30～　※見学は火・木曜のみ

見学無料 ※要電話予約（10人以上）

MAP_P106・9

AREA 滋賀・東沼波町 / **CATEGORY** 工場見学

・ KYOTO SHIGA ・

ヤンマーミュージアム

（PLAY）　ショベルカー操縦体験など
（ACCESS）　北陸道長浜インターから約10分

見て触れて乗れる、体験型ミュージアム

ヤンマー創業100周年を記念してオープンした体験型ミュージアム。都市・大地・海洋という3つのフィールドで培われてきた技術を楽しみながら学ぶことができる。要所に立つヤンマーOBが展示の説明をしてくれるほか、本物のショベルカーの操縦体験、プレジャーボートの操船シミュレーターも大人気！

＊DATA
長浜市三和町6-50　☎0749-62-8887
🕐10:00〜18:00(受付〜17:00)　月曜休（祝日の場合は翌平日）、年末年始休、GW、お盆は要問い合わせ

入場料／大人600円、中・小学生300円、未就学児無料

上／本物のショベルカーを操縦して、ゲーム感覚でボールを運んでみよう
下／屋外のヤンマーテラスでは飲食可能

MAP_P106・9

ジオラマ京都JAPAN

（PLAY）　ジオラマ観賞・運転体験など
（ACCESS）　嵯峨野観光鉄道「トロッコ嵯峨駅」からすぐ

巨大ジオラマと運転体験に大興奮！

トロッコ嵯峨駅に隣接するジオラマ館。京都の町を再現した縦12.3×横17.3m、地下の留置線を含めると総面積約285.15㎡、線路の長さ2.7kmという日本最大級の鉄道ジオラマのほか、鉄道模型を運転できる体験アトラクション(15分1000円)、天体ショーなど、鉄道ファンはもちろん鉄道大好きキッズや女性も大満足間違いなし！

右／本物のEF66形電気機関車の運転席から鉄道模型車輌を運転　左／毎時30分に演出される天体ショーはとても幻想的

＊DATA
京都市右京区嵯峨天竜寺車道町　☎075-882-7432
🕐9:00〜17:30(受付〜17:00)、臨時列車運行時9:00〜18:00(受付〜17:30)
休 水曜休（祝日、春休み、GW、夏休み、紅葉時期は開館）

入場料／大人500円、小人300円　※トロッコに乗車すれば100円引き

MAP_P101・4

デジタルスタードームほたる

（PLAY）　プラネタリウム
（ACCESS）　名神高速京都東インターから湖西道路を経由、真野インターから約15分

迫力の音と映像を多彩なプログラムで

迫力のCG映像と、デジタルサラウンド映像システム「SKYMAX DS」で、世界や宇宙を飛び回っているかのような感覚が楽しめるプラネタリウム。プログラムは多彩で、ロマンチックな番組はもちろん、笑いを取り入れた星座解説、ベビーの泣き声を気にせずに観賞できる「赤ちゃん歓迎！癒しのプラネタリウム」も。

＊DATA
守山市今浜町十軒家2876　☎077-584-2180
🕐投影時間は曜日によって異なる　休 無休（臨時休業有）

プラネタリウム観覧料／プログラムによって異なる

赤ちゃんや小さな子ども連れでも楽しめるプログラムは、ママにうれしい

MAP_P107・10

• PLAY SPOT INFORMATION •

館内は飲食禁止ながら、芝生では飲食可能。再入場ができるのも魅力

京都国際マンガミュージアム

（PLAY）　読書、ワークショップなど
（ACCESS）　地下鉄「烏丸御池駅」から徒歩約2分

5万冊のマンガを1日読み放題で楽しめる

元龍池小学校校舎を利用した日本初のマンガ博物館・図書館。マンガや関連資料約30万点を所蔵し、うち約5万冊は館内や屋外で自由に読むことができ、芝生の上で読書をする人びとの姿が印象的。ワークショップや街頭紙芝居イベント、漫画家の直筆イラストが壁に描かれたカフェなど、見どころもいっぱい。

＊DATA
京都市中京区烏丸通御池上ル　☎ 075-254-7414
営 10:00～18:00（入館は17:30）　休 水曜休（祝日の場合は翌日）

入館料/大人800円、中高生300円、小学生100円、小学生未満無料

MAP_P105・8

AREA 京都・烏丸御池
CATEGORY 体験・学び

華やぎ観光農園

（PLAY）　イチゴ狩り、スイカ狩り、枝豆収穫
（ACCESS）　JR学研都市線「祝園駅」、近鉄京都線「新祝園駅」から徒歩15分

広大な敷地の中で採れたての味わいを

冬から春はイチゴ狩り、夏はスイカ、秋は枝豆の収穫が楽しめる観光農園。年中通じて収穫が楽しめるオーナー制度も。イチゴ狩りは高設栽培＆バリアフリーなので、ベビーカーや車いすのままで収穫を楽しめるのもうれしい。地場の旬の生産物を販売する直売所もあるので、合わせて立ち寄ろう。

＊DATA
相楽郡精華町下狛鐘付田31　☎ 0774-93-4811
営 8:00～16:00　休 開園日は随時変更、HPで要確認

イチゴ狩り料金/1～2月大人（中学生以上）1700円、小学生1500円、3歳以上1200円　3～5月：大人（中学生以上）1500円、小学生1300円、3歳以上1100円※40分食べ放題・2歳以下無料

右/真っ赤に実ったイチゴが子どもの目線の高さになるのが高設栽培の魅力　左/イチゴ狩りは40分食べ放題で楽しめる

MAP_P99・2

AREA 京都・精華町
CATEGORY 味覚狩り

右/イチゴは高設栽培なので、腰をかがめることなく収穫できるのが魅力　左/みかん狩りは10月上旬～11月下旬に楽しめる

山城多賀フルーツライン

（PLAY）　いちご狩り・ぶどう狩り・みかん狩り・かき狩り・サツマイモ掘りなど
（ACCESS）　JR奈良線「山城多賀駅」から徒歩10分

年中収穫体験が楽しめる観光農園

井手町多賀の町並みから万灯呂山の麓へ向かう丘陵地帯に広がる観光農園。春はイチゴ、秋はイモやミカンなど四季折々の果物と野菜の収穫が一年を通して楽しめるとあって、一度に数種類の味覚狩り＆食べ放題を満喫できる。中でも春のいちご狩りは今年が初とあって、ぜひ楽しみたい。

＊DATA
綴喜郡井手町大字多賀小字庵垣内16　期間中/春0774-82-5400 秋0774-82-4110、期間外/0774-82-2613（JA京都やましろ井手町支店）
営 9:00～17:00（入園は15:30まで）　休 期間中無休

味覚狩り料金/いちご狩り（食べ放題 中学生以上1800円、小人1500円、幼児800円 ※品種は紅ほっぺ、章姫）ぶどう狩り（食べ放題・中学生以上1300円、小人800円 ※品種はベリーA）みかん狩り（食べ放題・大人800円、小人700円、幼児500円※品種は温州、宮川早生）かき狩り（食べ放題・大人800円、小人700円、幼児500円※品種は富有）さつまいも掘り（おみやげ4株付き1000円※品種は鳴門金時、紅あずま）

MAP_P99・2

AREA 京都・井手町
CATEGORY 味覚狩り

• KYOTO SHIGA •

AREA 京都・弥栄町
CATEGORY 味覚狩り

フルーツ王国やさか

(PLAY) もも狩り・ぶどう狩り・なし狩り

(ACCESS) 北近畿タンゴ鉄道「網野駅」から丹海バス「弥栄病院前行き」にて「フルーツ王国やさか」前下車すぐ ※バス停がないため「フルーツ王国やさか」に行く旨を運転手さんにお伝えを

甘味たっぷりの果実とBBQを一緒に満喫

自然豊かな約6万㎡の敷地に、約2000本の木々が栽培されている観光果樹園。太陽の恵みをたっぷり受けて育った桃やブドウ、梨のもぎたて果実が食べ放題で楽しめる。園内でのお弁当は不可だが、園外芝生広場では可能。バーベキュー設備もあるので、採ったフルーツをバーベキュー後のデザートにもできる。

＊DATA
京丹後市弥栄町木橋2194 ☎0772-65-4192
営9:00〜17:00 休開園期間中無休

味覚狩り料金/もも狩り(大人1990円、小学生1500円)ぶどう狩り(大人1990円、小学生1500円)なし狩り(大人1300円、小学生900円)※すべて園内食べ放題・時間制限無・持ち帰りは別途料金 ※未就学児無料

右/完熟果実のジェラート380円は桃、梨、ぶどう、イチゴ、メロン、ミルクの6種 左/丹後の自然に育まれた果実を味わおう

MAP_P98・1

AREA 滋賀・八日市
CATEGORY 味覚狩り

夜のイチゴ狩りはイチゴだけでなく、幻想的な景色も堪能できる

ベジタブルガーデン

(PLAY) イチゴ狩り

(ACCESS) 名神高速道路八日市インターから約15分

甘美な夜のイチゴ狩りデートを楽しめる

21歳で出合った農業に魅せられ26歳で独立した野村さんが出迎えてくれるイチゴ農園では、甘さが際立つイチゴが食べ放題。夜のイチゴ狩りを行っているのも特徴で、ライトアップされたイチゴのトンネルを歩きながら、ストロベリーナイトを満喫しよう。イチゴ狩りは1月から5月初旬まで。

＊DATA
東近江市池田町上竹原1267 ☎080-6102-2671
営10:00〜17:00、18:00〜21:00 休不定休 ※予約制

イチゴ狩り料金/1月〜3月大人(小学4年生以上)1800円、小人(小学3年生以下)1500円、4月〜5月初旬大人1500円、小人1200円、ナイター大人2000円、小人1600円

MAP_P107・10

AREA 滋賀・米原
CATEGORY 味覚狩り

ローザンベリー多和田

(PLAY) 収穫体験・花観賞・BBQなど

(ACCESS) 名神高速米原インターから車で15分

収穫体験にBBQ、1日過ごせる観光施設

「五感で感じる自然の癒し」をテーマとした体験型観光農園。7〜8月にはブルーベリーの収穫や旬の野菜の収穫体験を楽しめる。羊とのふれあいや自分で野菜を収穫する体験型BBQ、料理研究家・関口絢子さんプロデュースのレストランなども人気。12〜3月はショップ・レストランのみ営業。

＊DATA
米原市多和田605-10 ☎0749-54-2323
営10:00〜17:00(レストランは11:00〜15:00)※冬季(12月〜3月)は10:00〜16:00、ショップ＆レストランのみ営業
休火曜日(祝日の場合は営業)、年末年始休

入園料/大人(中学生以上)600円、4歳〜小学生300円、3歳以下無料※レストラン・カフェ・ショップは無料

右/野菜を中心に旬の食材を使用するバイキングレストラン 左/農薬を使わずに育ったブルーベリーを食べ放題で楽しんで

MAP_P106・9

AREA INFO 01 京都府 広域

AREA INFO 03 京都市 北東

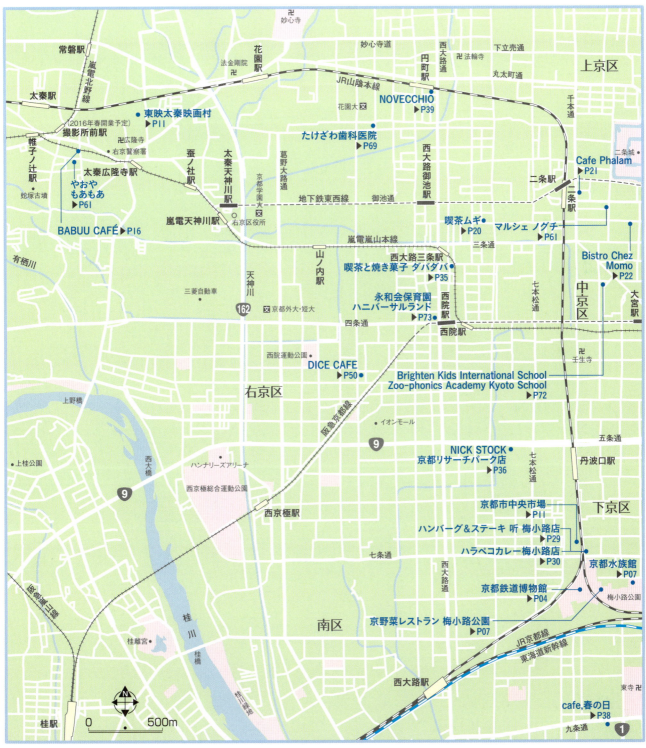

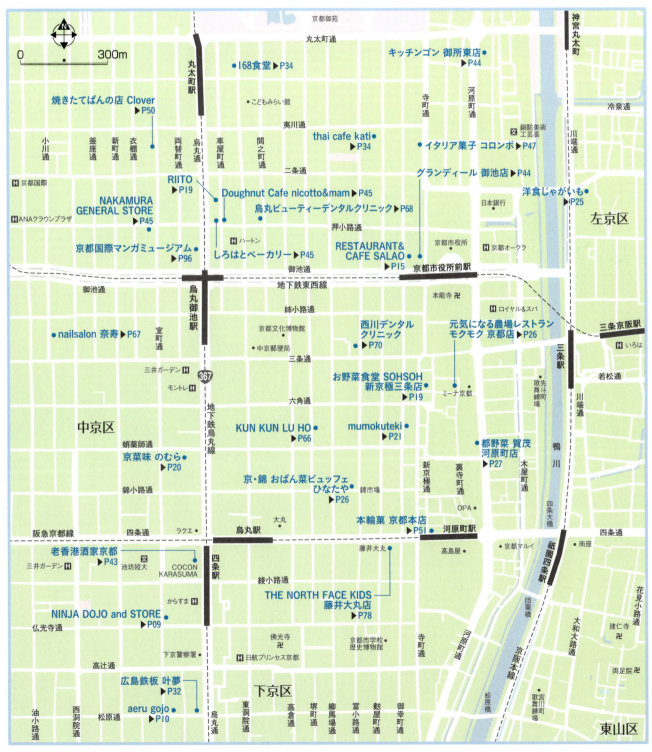

AREA INFO 10 大津 草津

京都府広域エリア

辰巳屋［宇治市］	42
アクトパル宇治［宇治市］	83
太陽が丘公園・プール［宇治市］	84
BAKERY＋GELATO moco［城陽市］	40
鴻ノ巣山運動公園［城陽市］	84
京都丹波／亀岡「夢コスモス園」［亀岡市］	86
ファーマーズマーケット たわわ朝霧［亀岡市］	90
ハンバーグ ダイニング たくみ［京田辺市］	41
地鶏料理 ちきんはうす［京田辺市］	41
chaco［長岡京市］	40
CAFERESTAURANT&BAR DINOSAUR JUNGLE［向日市］	14
コカ・コーラウエスト京都工場［久世郡久御山町］	93
ルイジアナ・ママ 京都八幡店［八幡市］	27
けいはんな記念公園［相楽郡精華町］	84
華やぎ観光農園［相楽郡精華町］	96
わち山野草の森［船井郡京丹波町］	89
道の駅 和［船井郡京丹波町］	90
石田食品 京丹波工場［船井郡京丹波町］	94
山城多賀フルーツライン［綴喜郡井手町］	96
るり渓温泉［南丹市］	83
スチール®の森 京都［南丹市］	88
スプリングスひよし［南丹市］	89
雪印メグミルク 京都工場［南丹市］	93
フルーツ王国やさか［京丹後市］	97

大津エリア

Spoon Life On Works［大津市］	53
ドイツレストラン ヴュルツブルク［大津市］	53
zoo［大津市］	54
家カフェ＋Garden［大津市］	55
雅樂［大津市］	76
びわ湖バレイ［大津市］	86
天然温泉 比良とぴあ［大津市］	92

草津・湖南エリア

門前茶屋 かたたや［守山市］	58
ファーマーズ・マーケット おうみんち［守山市］	91
デジタルスタードームほたる［守山市］	95

道の駅 アグリの郷栗東［栗東市］	91
音 南草津店［草津市］	77
矢橋帰帆島公園［草津市］	85
UPPER SECRET［湖南市］	56
cafe ネンリン［湖南市］	56
十二坊温泉 オートキャンプ場［湖南市］	90
うさみみ茶房［甲賀市］	55

近江八幡・東近江エリア

野菜のごはんと暮らしの店 でこ姉妹舎［東近江市］	57
café NICO［近江八幡市］	58
レストラン岡﨑［蒲生郡日野町］	59
滋賀農業公園 ブルーメの丘［蒲生郡日野町］	85
古株牧場（湖華舞）［蒲生郡竜王町］	57
ベジタブルガーデン［東近江市］	97

彦根・湖東エリア

河内風穴［犬上郡多賀町］	86
コクヨ工業滋賀［愛知郡愛壮町］	94
Kitchen RIZUKI［彦根市］	52
国立印刷局 彦根工場［彦根市］	94

長浜・湖北エリア

ヤンマーミュージアム［長浜市］	95
ローザンベリー多和田［米原市］	97

高島・湖西エリア

Café 森の木［高島市］	54
うどんの花里［高島市］	59
ガリバー青少年旅行村［高島市］	80
びわ湖こどもの国［高島市］	85
箱館山スキー場［高島市］	87
朽木スキー場［高島市］	87
マキノ高原［高島市］	89
くつき温泉てんくう［高島市］	92

INDEX

エリア別インデックス

京都市中京区

RESTAURANT&CAFE SALAO	15
お野菜食堂 SOHSOH 新京極三条店	19
RIITO	19
京菜味 のむら	20
喫茶ムギ	20
Cafe Phalam	21
mumokuteki	21
Bistro Chez Momo	22
京・錦 おばん菜ビュッフェ ひなたや	26
元気になる農場レストラン モクモク 京都店	26
都野菜 賀茂 河原町店	27
碓屋	28
都松庵	33
168食堂	34
thai cafe kati	34
喫茶と焼き菓子 ダバダバ	35
NOVECCHIO	39
グランディール 御池店	44
Doughnut Cafe nicotto&mam	45
しろはとベーカリー	45
NAKAMURA GENERAL STORE	45
イタリア菓子 コロンボ	47
焼きたてぱんの店 Clover	50
本輪菓 京都本店	51
マルシェ ノグチ	61
KUN KUN LU HO	66
nailsalon 奈寿	67
烏丸ビューティーデンタルクリニック	68
たけざわ歯科医院	69
西川デンタルクリニック	70
Brighten Kids International School	
Zoo-phonics® Academy Kyoto School	72
京都国際マンガミュージアム	96

京都市下京区

京都鉄道博物館	4
京都水族館	7
京野菜レストラン 梅小路公園	7
NINJA DOJO and STORE	9
aeru gojo	10

京都市中央市場	11
ハンバーグ&ステーキ 听 梅小路店	29
ハラペコカレー梅小路店	30
Veg Out vegan cafe	31
広島鉄板 叶夢	32
NICK STOCK 京都リサーチパーク店	36
老香港酒家京都	43
THE NORTH FACE KIDS 藤井大丸店	78

京都市左京区

京都市動物園	8
'apelila	12
韓国ごはんとお茶と絵本 クリゴカフェ	18
ファラフェルガーデン	18
洋食じゃがいも	25
SAKURA CAFE	36
cucina KAMEYAMA	37
charcuterie LINDENBAUM	47
Fruit&Cafe HOSOKAWA	47
パンとごはん AOW	48
ドイツ菓子 Frau Pilz	48
Rea Bon はなれ	48
VILLA BUENA	48
スコップ・アンド・ホー	60
京都府立植物園	82
宝が池公園子どもの楽園	82
京都市百井青少年村	88

京都市北区

cafe yakusoku	39
WIFE&HUSBAND	46
HANDELS VÄGEN 北大路店	47
雨の日も 風の日も	49
garnish	49
さざなみ BAKERY	49
紫野和久傳 大徳寺店	49
やおや ONE DROP	61
hair stage O₂	64
音 京都店	74
Design Studio On Works	75
大森リゾートキャンプ場	87

京都市上京区

自家製麺 天狗	35
キッチンゴン 御所東店	44
ヤオイソ 烏丸店	45
出町ふたば	46
アルチザナル	46

京都市右京区

東映太秦映画村	11
BABUU CAFÉ	16
DICE CAFE	50
アスカ有機農園	60
やおや もあもあ	61
永和会保育園 ハニバーサルランド	73
嵐山 - 高雄パークウエイ	82
京都市京北森林公園	88
さがの温泉 天山の湯	91
ジオラマ京都 JAPAN	95

京都市東山区

京都国立博物館	11

京都市南区

cafe, 春の日	38
京都市市民防災センター	92

京都市伏見区

Vegans Cafe&Restaurant	24
洋食屋 Cotelette	24
焼き立てパンと洋菓子 GEBACKEN 深草本店	37
菓寮 伊藤軒	38
パティスリー ル・フルティエ MOMOテラス店	51
さかなか歯科 桃山駅前クリニック	71
伏見港公園・プール	83
朝日新聞社京都工場	93

天然温泉 比良とぴあ	92	伏見港公園・プール	83	洋食屋 Cotelette	24
ドイツ菓子 Frau Pilz	48	Brighten Kids International School			
ドイツレストラン ヴュルツブルク	53	Zoo-phonics® Academy Kyoto School	72	**ら**	
東映太秦映画村	11	Fruit&Cafe HOSOKAWA	47		
Doughnut Cafe nicotto&mam	45	フルーツ王国やさか	97	Rea Bon はなれ	48
都松庵	33	hair stage O₂	64	RIITO	19
		BAKERY＋GELATO moco	40	ルイジアナ・ママ 京都八幡店	27
な		Veg Out vegan cafe	31	るり渓温泉	83
		ベジタブルガーデン	97	RESTAURANT&CAFE SALAO	15
NAKAMURA GENERAL STORE	45	本輪菓 京都本店	51	レストラン岡﨑	59
西川デンタルクリニック	70			ローザンベリー多和田	97
NICK STOCK 京都リサーチパーク店	36	**ま**			
NINJA DOJO and STORE	9			**わ**	
nailsalon 奈寿	67	マキノ高原	89		
NOVECCHIO	39	マルシェ ノグチ	61	WIFE&HUSBAND	46
		道の駅 アグリの郷栗東	91	わち山野草の森	89
は		道の駅 和	90		
		都野菜 賀茂 河原町店	27		
箱館山スキー場	87	mumokuteki	21		
パティスリー ル・フルティエ		紫野和久傳 大徳寺店	49		
MOMOテラス店	51	門前茶屋 かたたや	58		
華やぎ観光農園	96				
BABUU CAFÉ	16	**や**			
ハラペコカレー梅小路店	30				
HANDELS VÄGEN 北大路店	47	ヤオイソ 烏丸店	45		
パンとごはん AOW	48	やおや もあもあ	61		
ハンバーグ＆ステーキ 听 梅小路店	29	やおや ONE DROP	61		
ハンバーグ ダイニング たくみ	41	焼き立てパンと洋菓子			
VILLA BUENA	48	GEBACKEN 深草本店	37		
Bistro Chez Momo	22	焼きたてぱんの店 Clover	50		
広島鉄板 叶夢	32	野菜のごはんと暮らしの店 でこ姉妹舎	57		
びわ湖こどもの国	85	矢橋帰帆島公園	85		
びわ湖バレイ	86	山城多賀フルーツライン	96		
ファーマーズ・マーケット おうみんち	91	ヤンマーミュージアム	95		
ファーマーズマーケット たわわ朝霧	90	雪印メグミルク 京都工場	93		
ファラフェルガーデン	18	洋食じゃがいも	25		

INDEX

50音インデックス

あ

aeru gojo	10
アクトパル宇治	83
朝日新聞社京都工場	93
アスカ有機農園	60
UPPER SECRET	56
'apelila	12
雨の日も 風の日も	49
嵐山 - 高雄パークウエイ	82
アルチザナル	46
家カフェ＋ Garden	55
石井食品 京丹波工場	94
イタリア菓子 コロンボ	47
168食堂	34
Vegans Cafe&Restaurant	24
うさみみ茶房	55
碾屋	28
雅樂	76
うどんの花里	59
永和会保育園 ハニバーサルランド	73
大森リゾートキャンプ場	87
老香港酒家京都	43
お野菜食堂 SOHSOH 新京極三条店	19
音 京都店	74
音 南草津店	77

か

garnish	49
café NICO	58
cafe ネンリン	56
Cafe Phalam	21
cafe,春の日	38
Café 森の木	54
cafe yakusoku	39

CAFERESTAURANT&BAR DINOSAUR JUNGLE	14
烏丸ビューティーデンタルクリニック	68
ガリバー青少年旅行村	80
菓寮 伊藤軒	38
河内風穴	86
韓国ごはんとお茶と絵本 クリゴカフェ	18
喫茶と焼き菓子 ダバダバ	35
喫茶ムギ	20
キッチンゴン 御所東店	44
Kitchen RIZUKI	52
京菜味 のむら	20
京都国際マンガミュージアム	96
京都国立博物館	11
京都市京北森林公園	88
京都市市民防災センター	92
京都市中央市場	11
京都市動物園	8
京都市百井青少年村	88
京都水族館	7
京都丹波／亀岡「夢コスモス園」	86
京都鉄道博物館	4
京都府立植物園	82
京・錦 おばん菜ビュッフェ ひなたや	26
京野菜レストラン 梅小路公園	7
cucina KAMEYAMA	37
くつき温泉てんくう	92
朽木スキー場	87
グランディール 御池店	44
KUN KUN LU HO	66
けいはんな記念公園	84
元気になる農場レストラン モクモク 京都店	26
鴻ノ巣山運動公園	84
コカ・コーラウエスト 京都工場	93
古株牧場 (湖華舞)	57

コクヨ工業滋賀	94
国立印刷局 彦根工場	94

さ

さかなか歯科 桃山駅前クリニック	71
さがの温泉 天山の湯	91
SAKURA CAFE	36
さざなみ BAKERY	49
THE NORTH FACE KIDS 藤井大丸店	78
ジオラマ京都 JAPAN	95
自家製麺 天狗	35
滋賀農業公園 ブルーメの丘	85
地鶏料理 ちきんはうす	41
charcuterie LINDENBAUM	47
十二坊温泉 オートキャンプ場	90
しろはとベーカリー	45
zoo	54
スコップ・アンド・ホー	60
スチール ® の森 京都	88
Spoon Life On Works	53
スプリングスひよし	89

た

thai cafe kati	34
DICE CAFE	50
太陽が丘公園・プール	84
宝が池公園子どもの楽園	82
たけざわ歯科医院	69
辰巳屋	42
chaco	40
Design Studio On Works	75
デジタルスタードームほたる	95
出町ふたば	46

こどもと楽しい
京都・滋賀

2016年5月5日　初版第一刷発行
定価／本体924円＋税

表紙デザイン／白坂麻衣子 [ink in inc.]
表紙撮影／森昭人 [中尾写真事務所]
表紙協力／京都鉄道博物館 (P.4)

発行者
中西真也

編集・発行
株式会社 リーフ・パブリケーションズ
〒604-8172　京都市中京区烏丸通三条上ル メディナ烏丸御池4F
TEL.075・255・7263 ／ FAX.075・255・7621
http://www.leafkyoto.net/　info@leafkyoto.co.jp

制作協力
株式会社ワード
〒604-8164　京都市中京区六角通室町東入ル骨屋町 G&G ビル 3F
TEL.075-222-1104 ／ FAX.075-256-5516

株式会社エム ネクスト
〒541-0053　大阪市中央区本町 4-4-6 カネセ第2ビル4F
TEL.06-6251-6931 ／ FAX.06-6251-6932

EDITOR IN CHIEF
渡辺裕子

EDITOR
清塚あきこ、中野さやか、西井紅音、沼口明季、八木真望

CIRCULATING-SECTION
大塚健太郎、塚腰亜友美

AD STAFF
澤野峰幸、細井悠玄、井口卓哉

ACCOUNTING-SECTION
柿森洋一、岩田彩加

ART DIRECTOR
吉澤俊樹 [ink in inc.]

DESIGNER
白坂麻衣子 [ink in inc.]
会退由希恵 [HON DESIGN]、杉山知歌子、岸本香織

ILLUSTRATION
鈴木衣津子（P.7）、エヌ村ナマコ（P60-61）

PHOTOGRAPHERS
桂秀也、木村有希、鈴木誠一、髙見尊裕、中尾写真事務所、夏見タカ、ナリタナオシゲ、橋本正樹、畑中勝如、原祥子、廣森完成、マツダナオキ、平田尚加、舟田知史、三國賢一

WRITERS
株式会社エム ネクスト
株式会社ワード
武井聡子、西川有紀、西山由香、森綾子

MAP DESIGN
データ・アトラス株式会社

PRINTING
図書印刷株式会社

※落丁・乱丁はお取り替え致します。
※本誌掲載の写真・イラスト・地図及び記事の無断転載を禁じます。

© 株式会社 リーフ・パブリケーションズ 2016 Printed in Japan
ISBN 978-4-908070-26-6 C0076

Leaf MOOK・書籍案内

気になる本があれば、お近くの書店で注文してください！

■京滋の情報が盛りだくさん！

京都・滋賀
子どもと一緒が楽しい
Mama Leaf
924円（税別）

京都・滋賀
眺めのいい店
924円（税別）

京都・滋賀
みんなで楽しい青空遊び
924円（税別）

京都のおいしいグルメガイド
厳選300店
924円（税別）

京都＆滋賀 Cafe Style188
933円（税別）

京都のパン&スイーツ
＋滋賀 199
933円（税別）

Leaf MOOK・書籍の購入方法

Leaf MOOK・書籍はお近くの書店でもお申し込みいただけます。
（※一部受付できない書店もございますので、予めご了承ください）
「近所に Leaf MOOK が買える書店がない」という方には Leaf から郵送します。ご希望のMOOKを明記の上、郵便切手または現金書留で下記の本代と送料をお送りください。到着次第すぐにお送りさせていただきます。
（※お手元に届くのに、約1週間〜10日かかります。また、在庫切れの場合もございますのでご了承ください）

郵送の場合の宛先
〒604-8172
京都市中京区烏丸通三条上ル
メディナ烏丸御池4F
「Leaf MOOK」係

■送料について
送料は本代（※MOOKによって異なります）＋送料150円です。2冊以上の送料は、冊数×150円となります。

もっと京都を知りたい人におすすめ！ 月刊誌Leaf 年間定期購読のご案内

毎月、京都・滋賀の旬の情報を網羅した『Leaf』。買いそびれないためにも、毎月確実にお手元に届く定期購読をおすすめします！

年間購読料（1年間12冊分）定価500円×12ヶ月＝6000円（送料はかかりません！）

■お問い合わせ　Leaf販売部　TEL.075・255・7263

お申し込み方法

1.直接申し込みの場合
現金書留にて、合計金額6000円と、住所、氏名、年齢、電話番号、ご希望の開始月を明記の上、下記住所までお送りください。

〒604-8172
京都市中京区烏丸通三条上ル　メディナ烏丸御池4F
株式会社リーフ・パブリケーションズ　定期購読係

2.FAXにて申し込みの場合（銀行振込にてお支払）
FAXにてお申し込みの後、こちらから振込先をFAXにてお知らせします。振込が確認でき次第、本誌をお送りします。入金確認に少し時間がかかりますので、お手元に届くのが遅れますがご了承ください。

FAX.075・255・7621